글이 술술 써지는 치료법 공개

글쓰기 싫어증

우리학교 어린이 교양

글쓰기 싫어증
: 글이 술술 써지는 치료법 공개

초판 1쇄 펴낸날 2023년 8월 28일
초판 2쇄 펴낸날 2023년 10월 18일

글	문부일
그림	주노
펴낸이	홍지연
편집	홍소연 고영완 이태화 전희선
	조어진 이수진 차소영 서경민
디자인	권수아 박태연 박해연 정든해
마케팅	강점원 최은 신종연 김신애
경영지원	정상희 여주현
펴낸곳	(주)우리학교
출판등록	제313-2009-26호(2009년 1월 5일)
주소	04029 서울시 마포구 동교로12안길 8
전화	02-6012-6094
팩스	02-6012-6092
홈페이지	www.woorischool.co.kr
이메일	woorischool@naver.com

ⓒ문부일, 주노, 2023
ISBN 979-11-6755-221-1 73800

- 책값은 뒤표지에 적혀 있습니다.
- 잘못된 책은 구입한 곳에서 바꾸어 드립니다.

만든 사람들
편집 전희선
디자인 박해연

글이 술술 써지는 치료법 공개

글쓰기 싫증

문부일 글
주노 그림

우리학교

글쓰기 싫어증 처방전

글쓰기 비법 공개

글쓰기 비법을 만화로 쉽고 재미있게 알려 줍니다.

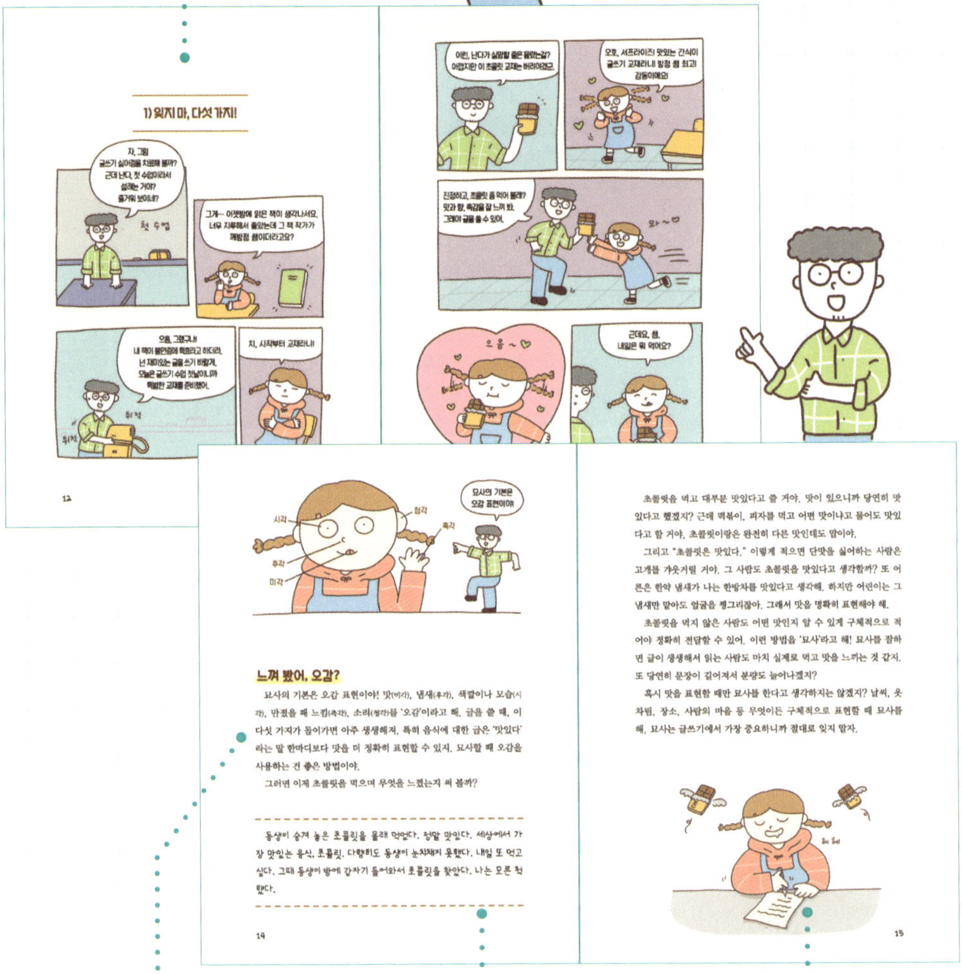

핵심만 쏙쏙!
구체적인 예시와 함께 글쓰기 비법을 한마디로 설명합니다.

글쓰기 엿보기
글쓰기 비법에 따라서 쓴 예시를 보고 글쓰기의 감을 익힙니다.

한 번 더 짚어 보기
놓치기 쉬운 글쓰기 키포인트를 다시 짚어 줍니다.

다시 쓰기는 이렇게!

수정한 예시를 보고 부족한
부분을 찾아서 고치는 연습을 합니다.

칭찬=자신감

수정한 글이 어땠는지 긍정적 면을
평가합니다. 칭찬은 글쓰기에 자신감
을 불어넣습니다.

스스로 쓰기

직접 글을 써 볼 수 있게
글감, 주제, 보기를 제시합니다.

어른들만 보세요

부담 없이 글쓰기를 시작하고,
개성 있는 글을 쓰며 재미를 느끼게
북돋아 주는 방법을 알려 줍니다.

차례

1부
기초: 세 줄 쉽게 쓰는 비법

❶ 잊지 마, 다섯 가지!
　느껴 봤어, 오감? ································· 14

❷ 보여 줘, 내 마음!
　공감, 진심의 힘 ································· 20

❸ 기억해, 육하원칙!
　들어 봤어, 육하원칙? ··························· 26

❹ 찾아봐, 낱말들!
　다양한 낱말의 힘 ······························· 32

❺ 시작해, 첫 문장!
　글의 첫인상 ····································· 38

실전: 글 한 편 뚝딱 완성!

❶ **일기 쓰기**
   주제 파악부터 하자 ····································· 50

❷ **편지 쓰기**
   편지 쓰기의 달인이 되고 싶다고? ·················· 58

❸ **설득하는 글쓰기**
   기승전결로 나를 설득해 봐 ·························· 66

❹ **독후감 쓰기**
   줄거리는 최대한 간단하게 ···························· 76

❺ **보고서 쓰기**
   사실과 의견은 필수 ···································· 86

❻ **SNS 글쓰기**
   눈길부터 사로잡자 ····································· 96

❼ **이야기 쓰기**
   나도 오늘부터 작가야! ································ 106

1부. 기초

세 줄
쉽게 쓰는 비법

1) 잊지 마, 다섯 가지!

느껴 봤어, 오감?

묘사의 기본은 오감 표현이야! 맛(미각), 냄새(후각), 색깔이나 모습(시각), 만졌을 때 느낌(촉각), 소리(청각)를 '오감'이라고 해. 글을 쓸 때, 이 다섯 가지가 들어가면 아주 생생해져. 특히 음식에 대한 글은 '맛있다'라는 말 한마디보다 맛을 더 정확히 표현할 수 있지. 묘사할 때 오감을 사용하는 건 좋은 방법이야.

그러면 이제 초콜릿을 먹으며 무엇을 느꼈는지 써 볼까?

동생이 숨겨 놓은 초콜릿을 몰래 먹었다. 정말 맛있다. 세상에서 가장 맛있는 음식, 초콜릿. 다행히도 동생이 눈치채지 못했다. 내일 또 먹고 싶다. 그때 동생이 방에 갑자기 들어와서 초콜릿을 찾았다. 나는 모른 척했다.

초콜릿을 먹고 대부분 맛있다고 쓸 거야. 맛이 있으니까 당연히 맛있다고 했겠지? 근데 떡볶이, 피자를 먹고 어떤 맛이냐고 물어도 맛있다고 할 거야. 초콜릿이랑은 완전히 다른 맛인데도 말이야.

그리고 "초콜릿은 맛있다." 이렇게 적으면 단맛을 싫어하는 사람은 고개를 갸웃거릴 거야. 그 사람도 초콜릿을 맛있다고 생각할까? 또 어른은 한약 냄새가 나는 한방차를 맛있다고 생각해. 하지만 어린이는 그 냄새만 맡아도 얼굴을 찡그리잖아. 그래서 맛을 명확히 표현해야 해.

초콜릿을 먹지 않은 사람도 어떤 맛인지 알 수 있게 구체적으로 적어야 정확히 전달할 수 있어. 이런 방법을 '묘사'라고 해! 묘사를 잘하면 글이 생생해서 읽는 사람도 마치 실제로 먹고 맛을 느끼는 것 같지. 또 당연히 문장이 길어져서 분량도 늘어나겠지?

혹시 맛을 표현할 때만 묘사를 한다고 생각하지는 않겠지? 날씨, 옷차림, 장소, 사람의 마음 등 무엇이든 구체적으로 표현할 때 묘사를 해. 묘사는 글쓰기에서 가장 중요하니까 절대로 잊지 말자.

✏️ 고쳐 보자

　동생이 숨겨 놓은 초콜릿을 몰래 꺼냈다. 봉지를 뜯었더니 달콤한 냄새가 좋았다. 순간 입에 침이 고였다. 밀크 초콜릿이라서 우유 냄새도 풍겼다. 부드러운 초콜릿이 왠지 갈색 보석 같았다.

　입에 넣었더니 혀에 딱 붙어서 순식간에 살살 녹았다. 설탕과는 다른 이 맛! 너무 빨리 녹는 초콜릿이 얄미웠다. 영원히 녹지 않으면 좋을 텐데.

　초콜릿을 만든 사람은 정말 천재다! 입에 넣어도 절대로 녹지 않는 초콜릿을 내가 만들까? 이런 상상을 하는데 동생이 방에 들어왔다. 달콤한 냄새를 맡고 동생이 눈치챌 것 같아 창문을 후다닥 열었다.

📖 나도 쓸 수 있어!

보통 인사할 때 날씨 이야기를 가장 많이 해. 일기, 편지를 쓸 때도 가장 먼저 날씨를 적잖아. 화창하면 기분이 좋고, 날씨가 흐리면 마음도 가라앉지? 비가 오면? 부침개가 먹고 싶어진다고?

우리가 평소에 가장 많이 하는 날씨 표현을 구체적으로, 생생하게 묘사해 볼까? 단 '춥다'라는 말은 쓰지 않고, 얼마나 추운지 오감을 사용해서 표현해 보자.

한겨울 영하 10도의 날씨 묘사하기

_____

_____

_____

_____

_____

꿀팁

촉각: 손이 시리다
시각: 오리털 점퍼를 입다, 입김이 나오다
청각: 태극기가 바람에 날려 펄럭거리다
후각: 군고구마 냄새가 나다

2) 보여 줘, 내 마음!

공감, 진심의 힘

 글쓰기에서 문장, 구성, 묘사, 주제보다 더 중요한 게 바로 글쓴이의 진심이야. 진심은 읽는 사람을 공감하게 만드는 힘이 있어.

 힘든 일을 겪고 솔직하게 글을 쓰면 친구에게 털어놓은 듯 마음이 가벼워져. 신기하게도 읽는 사람도 그 마음을 느껴서 '나만 힘든 게 아니구나!' 하며 위로를 받아. 힘들 때는 우연히 읽은 짧은 글에서 희망을 찾기도 하거든. 그래서 사람들은 글을 쓰고, 또 읽는 거야.

 그러면 이번 시간에는 마음을 글로 표현하는 방법을 배워 볼게. 같은 반에 좋아하는 친구가 생겼어. 글로 어떻게 마음을 표현할까?

─ ─ ─ ─ ─ ─ ─ ─ ─ ─ ─ ─ ─ ─ ─ ─ ─ ─ ─ ─

우리 반에 좋아하는 아이가 생겼다. 그 아이 생각만 하면 기분이 좋아진다. 그 아이도 나를 좋아할까? 어떻게 내 마음을 전할까? 만약에 싫다고 거절하면 어떡하지? 고백하는 모습을 상상하니 가슴이 두근거리고 얼굴이 뜨거워진다.

─ ─ ─ ─ ─ ─ ─ ─ ─ ─ ─ ─ ─ ─ ─ ─ ─ ─ ─ ─

연애 이야기는 누구나 좋아해. 그래서 소설, 드라마, 영화, 웹툰에서 자주 다루는 글감이지.

글에서 두근거리는 마음이 전해져. 그 마음을 더 생생하게 표현하는 방법을 찾아볼까? 좋아하는 친구 생각만 하면 기분이 좋아진다고 했는데, 어느 정도인지 알 수가 없어서 아쉬워.

좋아해, 사랑해, 미워해, 이런 마음을 구체적인 행동으로 표현해 주면 좋아. 그러면 읽는 사람이 그 장면을 직접 보는 것처럼, 떨리는 마음이 잘 전달되니까!

예를 들어, '친구의 필통 속에 초콜릿 하나를 몰래 넣었다.'라고 하면 어때? 이런 걸 행동 묘사라고 해. 좋아하는 마음을 행동으로 표현한 거야. 이렇게 쓰면 글의 분량이 길어지고 읽는 사람은 마치 그 상황에서 바로 지켜보는 것처럼 빠져들어.

다른 상황을 예로 든다면, 길을 가며 친구와 통화하다가 화가 났어. 어떻게 표현하면 좋을까? '갑자기 전화를 끊어 버렸다!' 혹은 '길에 굴러다니는 돌을 뻥 찼다!' 이런 것도 좋겠지?

✏️ 고쳐 보자

아침에 교실에 들어가면 먼저 그 아이가 왔는지 찾아본다. 그 아이와 눈이 마주치면 나도 모르게 고개를 돌린다. 쉬는 시간, 지우개를 빌려 달라고 조심스럽게 말을 건넸다. 사실, 난 지우개가 있었다. 가방 속에 숨겨 놔서 그렇지. 아이는 흔쾌히 과일 향이 나는 지우개를 빌려줬다.

그 아이가 친구들한테 초콜릿이 먹고 싶다고 말했다. 텔레파시가 통했나 보다. 그 아이한테 주려고 가져온 초콜릿이 있었다. 하지만 도저히 줄 수가 없었다.

체육 시간이 되고, 고민 끝에 교실에 아무도 없을 때 그 아이의 필통에 초콜릿 하나를 몰래 넣어 두었다. 내가 준 건 줄 알았으면 좋겠다. 텔레파시가 통해서!

📖 나도 쓸 수 있어!

요즘 가장 큰 고민이 뭐야? 시험을 못 봐서 걱정이라고? 성적보다 중요한 게 얼마나 많은데! 건강, 친구, 가족, 꿈도 소중하니까 기죽지 말고, 건강하고 즐겁게 살면 좋겠어. 아무튼 시험을 못 본 상황을 글로 써 볼까? 단, '시험을 못 봤다.'라는 직접적인 표현은 쓰지 말자.

시험을 망친 날

꿀팁

시험지를 구겨서 쓰레기통에 버렸다. 시험을 잘 봤다고 자랑하는 녀석한테 나도 모르게 시끄럽다고 소리를 질러 댔다. 오늘 아침, 시험 잘 보라고 응원한 엄마한테 뭐라고 해야 할까? 아빠가 시험을 잘 보면 선물을 사 준다고 했는데······.

3) 기억해, 육하원칙!

들어 봤어, 육하원칙?

'시장에 가서 생선을 샀다.' 이 문장은 좋은 문장일까? 맞춤법도 맞고, 틀린 문장도 아니야. 하지만 정확한 정보가 빠져 있어. 먼저, '생선'을 '고등어, 갈치', 이렇게 바꿔 볼까? 더 구체적으로 '제주도 은갈치'라고 쓰면, 반짝거리는 은색 갈치가 눈앞에 있는 것 같고, 비린내가 훅 풍기는 느낌이라 더 생생해!

장소도 '서울 노량진 수산 시장'이라고 하면 어떨까? 글쓴이가 수도권에 살고 있다고 추측할 수도 있겠지. 또 큰 시장의 활기차고 시끌벅적한 소리가 들리는 것 같아.

이렇게 글은 자유롭게 쓰되, 육하원칙은 꼭 지켜야 해. 글의 내용을 정확히 전달하는 기본 정보니까. 육하원칙을 생각하며 오늘 가장 기억에 남는 일을 짧게 일기로 써 보자!

언니와 도서관에 갔다. 사람이 별로 없어서 자리를 금방 차지했다.

독후감 쓰기 과제를 내일까지 해야 하는데, 너무 어려웠다. 솔직히 말하면 하기 싫었다. 다행히도 언니가 많이 도와줬다.

집에 오는 길에 배가 고파서 떡볶이를 사 먹었다. 매운 떡볶이였는데 단맛도 나서 좋았다. 떡은 쫀득거리고 튀김은 바삭했다. 빨간 국물을 입에 넣었더니 입 안이 화끈거렸다. 뜨거운 어묵 국물을 먹었더니 입에서 불이 나는 듯했다. 너무 매워서 눈물이 날 것 같아 주스쿨을 마셨다.

배운 대로 묘사를 많이 썼네! 매운 떡볶이 맛을 잘 표현했어. 읽는 동안 입에 침이 고이고 화끈거리는 기분이야. 그리고 글만 봐도 언니와 동생의 사이가 좋아 보였어.

　그런데 궁금한 점이 많아. 어디에 있는 도서관이야? 학교 도서관, 동네 도서관? 그날이 일요일이야? 방학이야? 왜 도서관에 간 거야? 독후감 이야기가 나오던데, 과제를 하러? 자료를 찾으러? 여름이라면, 시원한 도서관으로 쉬러 간 걸까? 시간은 오전이야, 오후야? 어떤 책을 읽고 독후감을 썼을까? 시간은 얼마나 걸렸어? 정확히 쓰면 더 좋아. 육하원칙을 생각하며 구체적으로 쓰면 분량이 많이 늘어날 거야!

　2장에서 배운 마음 표현도 생각해 보자. 언니가 도와줘서 어땠어? 고마웠어? '다행히도'라는 말이 있으니까 싫지는 않았겠지? 고마웠다면 그 마음을 행동으로 묘사해 보자. 감동적인 글이 될 것 같아.

✏️ 고쳐 보자

일요일 아침, 독후감 과제를 하러 언니와 시립 도서관에 갔다.

도서관에 있는 책들을 보니 작가들이 대단해 보였다. 어떻게 글을 이렇게 길게 쓸까? 나도 언제가 즐겁게 글을 쓰는 날이 올까?

독후감 과제로 이순신 장군 위인전을 읽었다. 첫 문장을 어떻게 써야 할지 몰라 고민하는데 언니가 주인공의 마음에 집중해 보라고 했다. 언니는 초등학생 때 독후감 대회에서 상을 받을 만큼 글쓰기 실력이 좋았다.

이순신 장군이 전쟁터에서 얼마나 힘들었을까, 생각해 보니 마음을 알 것 같았다. 두 시간이 훌쩍 지났다. 드디어 독후감을 다 완성했다.

도서관을 나와서 분식점으로 향했다. 콧노래가 절로 나왔다.

매운 떡볶이를 시켰다. 단맛이 나서 좋았다. 떡은 쫀득거리고 튀김은 바삭했다. 빨간 국물을 입에 넣었더니 입 안이 화끈거렸다. 뜨거운 어묵 국물을 먹었는데 입에서 불이 나는 듯했다. 너무 매워서 눈물이 날 것 같아 주스쿨을 마셨다.

언니 덕분에 독후감을 잘 쓸 수 있었다. 언니한테 고맙다는 말을 하고 싶었다. 하지만 말이 나오지 않았다. 대신 언니한테 김말이 튀김을 더 먹으라고 말했다. 언니가 환하게 웃었다. 치아 사이에 고춧가루가 껴 있어서 웃음이 터졌다.

독후감을 잘 쓴 것 같아 마음이 든든했다. 보람 있는 하루였다.

📖 나도 쓸 수 있어!

유튜브 영상 좋아하지? 학교 마치고 학원 갔다가, 숙제까지 하면 볼 시간이 별로 없다고? 그럼 글쓰기 수업을 핑계 삼아 실컷 볼래?

머리도 식힐 겸, 인터넷에서 가요 프로그램 영상을 찾아봐. 이번 주는 어떤 가수가 1위를 했지? 그 내용을 육하원칙을 생각하면서 구체적으로 써 볼까? 그 노래를 모르는 사람도 듣고 싶어지도록! 기대할게.

영상 보고 육하원칙에 따라 정리하기

_____

_____

_____

꿀팁

어느 방송국에서 하는 가요 프로그램이야?
방송 날짜도 정확해야 해!
가요 프로그램 진행자가 누구야?
1위 후보는 어떤 가수, 무슨 노래야?
1위 노래는 몇 점이나 받았어?
2위와는 점수 차이가 얼마나 날까?
그 노래가 1위를 한 이유는 무엇일까?

4) 찾아봐, 낱말들!

다양한 낱말의 힘

흔히 '배가 고파.'라고 말하는데 '배고프다' 말고 다른 낱말을 쓰면 어떨까? '출출하다, 허기지다, 시장하다' 이런 말도 있거든.

낱말은 여러 가지로 나눌 수 있는데 그중에 부사가 있어. '매우, 잘, 아주, 너무, 빨리' 등을 말하는데, 부사를 사용하면 뜻이 분명해지고 생동감이 넘쳐.

다른 사람과 이야기할 때, 어떤 말을 쓰는지 들어 보면 새로운 낱말을 많이 알 수 있어. 낱말을 많이 아는 더 좋은 방법을 알려 줄까? 인터넷 사전에서 낱말을 검색하면 뜻이 비슷한 낱말이 함께 나와.

평소에 자주 썼던 표현 대신 다양한 낱말을 사용해서 오늘 기억에 남는 일을 써 보자!

집으로 빨리 달려갔다. 어제 주문한 과자 세트가 오후에 온다고 했다. 과자를 생각하다 보니 수업이 끝나기 전부터 배가 고팠다.

그런데 급히 집에 가 보니 언니가 거의 다 먹어 버렸다. 빨간색 과자 봉지가 거실 바닥에 있었다. 집에서 달콤한 냄새가 났다. 나는 언니에게 화를 냈다. 언니는 미안하다고 말하면서 계속 과자를 집어 먹었다.

과자 먹을 생각만 하고 달려왔는데, 언니가 과자를 다 먹었다니! 너무 안타깝네. 무척 화가 났을 텐데 그 마음을 더 생생하게 바꿔 볼까?

'빨리' 대신 '부리나케, 쏜살같이'는 어때? 그냥 '과자'라고 하지 말고 이름을 밝히면, 얼마나 좋아하는 과자인지, 먹고 싶었는지 잘 느껴질 것 같아.

또 '배고프다'보다 '출출하다'도 좋지? '급히' 대신에 '허겁지겁'이 더 정신없이 빨리 달리는 느낌을 줄 수도 있어.

다 먹어서 없다는 뜻으로 '과자 봉지가 거실 바닥에 있었다.'라고 쓴 거지? 이 표현도 좋은데 다른 방법으로 나타낼 수 없을까? 과자를 다 먹고 난 뒤, 봉지가 어떤 모습일지 상상해 봐. 또 화를 냈다고 했는데, 어떻게 화

냈는지 상황 묘사로 바꾸면 좋겠어.

그리고 가만히 보니까 언니가 과자를 계속 집어 먹었네? 그럼 '언니가 미안하다고 말하면서' 보다 '둘러댄다'가 더 어울리는 표현이야. 언니가 정말 미안했다면 과자를 더는 안 먹었을 테니까.

글쓰기는 정답이 없지만 그 상황이나 마음에 더 어울리는 낱말은 있어. 그러니까 다양한 낱말과 표현을 고민해 봐. 개성적인 아이디어가 떠오를 거야.

✏️ 고쳐 보자

집으로 가는데, 발걸음이 가벼워서 쏜살같이 달렸다. 어제 주문한 새우깡, 칸추, 나초 칩 과자 세트가 오후에 도착한다고 했으니까. 짭짤한 새우깡, 나초 칩 냄새를 떠올렸더니 수업이 끝나기 전부터 출출했다. 무엇부터 먹을까? 짠 과자를 먹은 다음에 달콤한 칸추를 먹으면 더 맛있다.

허겁지겁 현관문을 열었는데, 일찍 온 언니가 과자를 모조리 먹어 버렸다. 빨간색 새우깡 봉지가 구겨진 채 거실 바닥에 나뒹굴었다. 집에서 짭짤한 냄새가 났다. 나는 언니한테 버럭 소리를 질러 대며 성냈다. 언니가 미안하다고 둘러대면서 계속 나초 칩을 입에 넣었다.

📖 나도 쓸 수 있어!

평소에 우리는 맛 표현을 자주 해. 그런데 '짜다, 달다, 쓰다, 시다, 맵다'처럼 익숙한 낱말 말고 다른 말은 없을까? 어른들의 이야기를 잘 들어 봐. '달착지근하다, 짭조름하다, 달콤 짭짤하다, 달곰쌉쌀하다, 씁쓸하다' 등 다양한 표현이 있을 테니까.

글쓰기를 잘하려면 낱말을 많이 알아야겠지? 이참에 나만의 낱말 사전을 만들어 보자. 어렵게 느껴진다면 인터넷 사전을 검색해도 좋아. 다음 낱말과 뜻이 비슷한 낱말 세 개를 찾아서 문장을 만드는 거야. 다양한 부사를 넣으면 더 실감이 나는 거 알지?

뜻이 비슷한 낱말을 찾아서 문장 만들기

맵다:

달다:

짜다:

> **꿀팁**
>
> 덥다: 후텁지근하다/후끈거리다/홧홧하다
> <u>후텁지근</u>한 날이라서 머리가 <u>후끈</u>거리고 마음도 <u>홧홧</u>해서 차가운 콜라를 단숨에 마셨다.

5) 시작해, 첫 문장!

글의 첫인상

사라, 버스를 타다

아침마다 사라는 어머니와 함께 버스를 탔습니다. 언제나 백인들이 앉는 자리와 구분된 뒷자리에 앉았습니다. 고개를 돌려 자기를 쳐다보는 백인 아이들에게 사라는 얼굴을 찡그렸습니다.

4학년 2학기 국어
『사라, 버스를 타다』, 윌리엄 밀러, 박찬석, 사계절, 2004년

조선의 냉장고 '석빙고'의 과학

여름철 무더위가 시작되면 누구나 냉장고 속의 시원한 얼음과 아이스크림, 그리고 선풍기와 에어컨 등을 떠올릴 것이다. 그렇다면 우리 조상들은 무더위를 이기기 위해 어떤 노력을 했을까?

5학년 2학기 국어
『전통 속에 살아 숨 쉬는 첨단 과학 이야기』, 윤용현, 교학사, 2012년

글의 시작이 어때? 두 편 모두 정말 평범하지? 그리고 군더더기 없이 바로 중요한 이야기를 꺼냈어. 글을 쓸 때, 문장을 꾸미거나 거창하게 시작해야 한다는 생각은 이제 버리자.

직접 써 보면 쉽게 와닿을 거야. 발표 수업을 하는 날, 조별 과제 파일을 집에 두고 온 거야! 이 당황스러운 상황을 생활문으로 쓸 때, 첫 부분을 어떻게 시작하면 좋을까?

사탕을 먹으며 교실에 들어갔다. 햇살이 참 좋고 하늘에 구름 한 점 없이 맑은 아침이다. 아이들은 시끄럽게 떠들면서 어젯밤 본 드라마 이야기를 했다. 어떤 아이는 음악을 들으며 춤을 췄다. 정말 귀가 따가웠다. 아이들이 정신없이 뛰어다녀서 먼지가 올라왔다. 기침이 나왔다. 나는 뛰지 말라고 하면서 소리를 질렀다. 그 소리에 지나가던 선생님이 들어와서 아이들을 혼냈다. 쌤통이다. 그런데 애들이 나 때문에 혼이 났다고 따졌다. 갑자기 화가 올라왔다. 왜 사람들은 자신의 잘못을 받아들이지 못하고 남 탓을 할까?

잠시 뒤 담임 선생님이 들어오셨다. 교실이 금세 조용해졌다. 날씨가 화창해서 왠지 수행 평가 발표를 잘할 수 있을 것 같았다. 근데 막상 발표하려고 하니 가슴이 두근거렸다.

그래도 발표를 준비하려고 과제 파일을 꺼냈다. 없었다. 나도 모르게 비명을 질렀다.

거창해야 한다는 생각은 이제 버리자!

묘사를 자연스럽게 잘해서 시끄러운 교실에 함께 있는 기분이야. 분량이 긴 소설이나 동화라면 교실 분위기를 생생하게 묘사해서 좋아. 앞으로 어떤 문제가 생길 것 같은, 불안한 느낌을 매력적으로 나타내고 있어.

그런데 분량이 짧은 생활문을 쓸 때는, 첫 부분에 상황 묘사가 길어지면 집중이 안 될 수도 있어. 사람들은 무슨 일이 있는지 빨리 알고 싶어 하잖아.

교실의 어수선한 분위기와 파일을 가져오지 않은 상황이 연결이 안 돼서 아쉽네. 아이들이 소리치며 뛰어다니다가 발표에 문제가 생긴 걸로 이어지면 더 효과적인 묘사가 될 거야.

일기, 생활문처럼 짧은 글은 중요한 일을 빨리 이야기하는 게 좋아.

✏️ 고쳐 보자

1) 대화로 시작하기

"조별 과제 발표 자료가 담긴 파일을 안 가져오면 어떻게 해?"
아이들이 눈을 흘겼다. 떠들던 녀석들도 나를 바라보았다.
"미안해!"
나는 고개를 푹 숙였다.

┗, 대화로 시작하면 상황을 잘 보여 줄 수 있어. 인물의 성격이 바로 드러나고, 장소가 나타나지 않았지만 교실에서 일어나는 일인지 알 수 있지.

또 글을 읽는 사람은 파일이 없으니 이제 어떻게 될까 궁금해서 뒷이야기에 더 집중하게 될 거야.

다만, 너무 대화로만 진행하면 어수선해질 수 있어. 설명이 필요한 중요한 부분을 자세히 알리고, 긴장감을 키우는 상황을 표현하기 위해서는 묘사도 적절하게 써야 해!

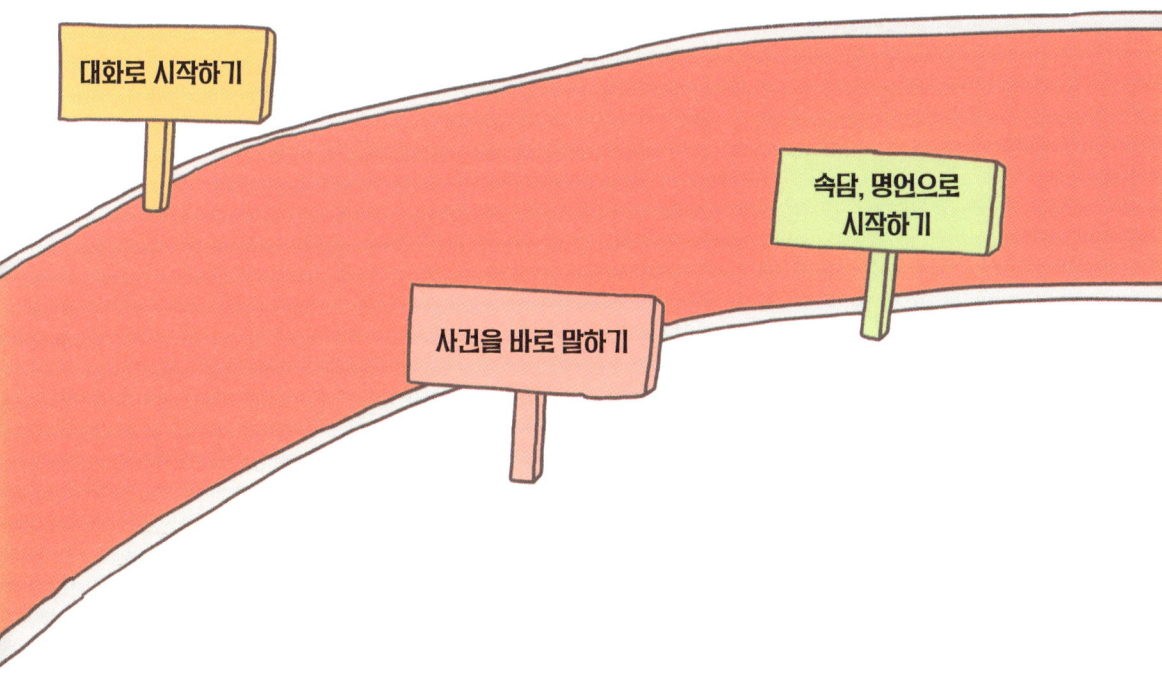

2) 사건을 바로 말하기

조별 과제 파일을 가져오지 않았다. 아이들이 나를 노려보고 있어서 뒤통수가 따갑다. 이제 어떻게 하지? 10분 뒤에 수업이 시작되고 먼저 우리 조가 발표해야 한다.

┗, 어떤 일이 일어났는지 바로 말해서 읽는 사람이 더 집중하게 만들고 있어. 시작부터 긴장감이 느껴지기도 해.
발표가 얼마나 중요한지, 파일을 가져오지 않아서 어떤 불이익을 받는지도 덧붙이면 좋겠어. 읽는 사람도 이 상황이 얼마나 심각한지 알아야 주인공의 이야기에 공감할 수 있으니까.

3) 속담, 명언으로 시작하기

'하늘은 스스로 돕는 자를 돕는다'라고 했는데 그 말은 거짓이었다.
조별 과제 발표 전에 가방을 열었는데 자료 파일이 없었다. 나도 모르게 비명이 터져 나왔다. 어젯밤 늦게까지 열심히 자료를 만들다가 잠들었다. 늦잠을 자고 허겁지겁 학교로 달려오느라 파일을 챙기지 못했다. 과제를 열심히 했는데 하늘은 나를 도와주지 않았다.

┗, 속담이나 명언으로 시작하면 첫 부분이 멋있어 보이는 장점이 있어.
다만 어렵거나 잘 알려지지 않은 말을 쓰면 글의 첫인상이 딱딱해지거나 단번에 뜻을 헤아리지 못할 수도 있어. 또 말이 글의 내용과 안 맞을 수도 있으니 잘 살펴봐야겠지?

📖 나도 쓸 수 있어!

최근에 전혀 예상치 못한 일을 겪은 적 없어? 황당한 사건이 있었다고? 어떤 일이었는지 글로 써 볼까? 떠오르는 게 없다면 아래 상황을 상상해서 써도 좋아. 첫 부분을 대화, 사건, 명언으로 시작해 보자.

생활문 첫 부분 쓰기

꿀팁

알람을 아침 일곱 시에 맞추고 잤는데, 일어나 보니 아홉 시였어. 이미 학교는 지각한 상황이야. 알고 보니 알람을 오전 일곱 시가 아니라 오후 일곱 시로 맞춰 놓고 잔 거였어.

2부. 실전

글 한 편 뚝딱 완성!

1) 일기 쓰기

주제 파악부터 하자

더 쉽게 알려 줄게. 친구랑 놀다가 다투고, 화해했어. 이 이야기에서 우정이 떠올랐다면, 이게 주제야. 다른 예도 들어 볼게. 친구들이랑 축구를 하는데 슛이 모두 다 들어가서 이겼어. 그날부터 축구의 재미에 빠졌다면 이걸 주제로 삼을 수 있어. 또 친구들이랑 놀다가 길을 물어보는 할머니를 만났는데, 시골에 계신 할머니가 생각났다면 그것도 좋은 주제겠지?

이렇게 '놀이'라는 글감을 가지고 다양한 주제를 생각할 수 있지. 글에 멋진 주제를 담고 싶다면 글감을 보면서 생각을 많이 해야 해. 그리고 좋은 글감을 찾으려면 관찰력도 중요해.

오늘 가장 맛있게 먹은 게 뭐야? 할머니랑 새우깡을 먹은 게 떠오른다면, 새우깡을 글감으로 잡고 일기를 써 볼까? 아주 특별한 일만 글감이 되는 건 아니야. 우리가 매일 겪는 평범하고 익숙한 것에서 글감을 찾아도 돼. 대신 주변 사람들의 마음을 헤아려 봐. 입장을 바꿔서 생각해 보면 특별한 주제가 떠오르거든!

　할머니가 주신 돈으로 새우깡을 사다 먹었다. 큰 마트에서는 1,100원인데 편의점에서는 1,500원이다. 멀리 있는 큰 마트까지 가기 싫어서 편의점에서 샀다. 400원이면 주스쿨도 사 먹을 수 있는데 아쉽다. 역시 부지런해야 더 많이 먹을 수 있다.

　새우깡은 짭조름하고 바다 냄새가 났다. 씹을 때 바삭거리는 소리가 참 좋다. 할머니와 같이 먹다 보니 금방 다 먹었다. 다음에는 마트에서 파는 '노래방 새우깡'이라고 부르는 큰 봉지로 사다 먹어야겠다.

　먼저, 육하원칙이 잘 들어갔는지 다시 생각해 보자. 언제, 왜, 어떻게 해서 새우깡을 사 먹게 되었을까? 또 할머니랑 새우깡을 먹으면서 어떤 이야기를 나누었는지 쓰면 좋겠어!

　이 글에서 가장 아쉬운 점은 새우깡 이야기만 하는 거야. 혹시, 주제로 '앞으로 과자는 편의점보다 가격이 싼 큰 마트에서 사자!' 이걸 말하고 싶었던 거야?

　새우깡을 먹으면서 느끼거나 생각한 걸 다시 떠올려 보자. 그게 주제로 연결되거든. 새우깡을 먹을 때 할머니와 이야기를 나누지는 않았어? 서먹했던 할머니와 더 친해졌다거나, 편의점에 갔다가 누구를 만났다거나, 아니면 새우깡 하면 생각나는 친구나 일은 없어?

　이렇게 글감에 맞춰 주제 잡는 연습을 하면, 평소에 못 보고 지나친 일을 생각하고, 다른 사람의 마음을 더 잘 이해할 수 있어.

✏️ 고쳐 보자

50원짜리 새우깡

　오후 다섯 시, 출출해서 할머니와 새우깡을 사다 먹었다. 짭짤했고, 바다 냄새도 나는 것 같았다. 바삭거리는 소리도 좋았다. 왠지 맛있는 소리 같았다.

　할머니가 옛날에 새우깡이 50원이었다고 해서 놀랐다. 지금 50원이면 사탕 하나도 못 사 먹는데.

　새우깡을 먹으면서 할머니는 옛날이야기를 많이 해 주셨다.

　"할머니는 어머니가 주신 용돈을 아꼈다가 혼자 몰래 사 먹었어."

　"몰래 먹으면 더 맛있죠?"

　"가슴이 두근거리면서 더 짜릿하지. 그러다 동생들한테 들켰어. 나눠 먹지 않았다고 동생들이 엉엉 울어서 어머니한테 엄청 혼났지."

　할머니도 나처럼 어릴 때가 있었다니 믿기지 않다. 할머니는 늘 무섭게 보였는데 예전보다 훨씬 친해진 것 같았다. 다음에는 할머니랑 무슨 과자를 먹을까?

　할머니가 초코파이, 칸추도 오래된 과자라고 했다. 다음에는 칸추, 초코파이를 먹어야겠다.

　할머니도 옛날에는 단 과자가 좋았는데 나이를 먹어서 어른이 되면 단것을 안 먹게 된다고 했다. 다음에 나도 할머니가 되면 초콜릿 과자를 싫어할까? 그리고 어린아이들한테 그때는 새우깡이 1,500원이었다고 하면 지금의 나처럼 놀랄까?

👍 칭찬해

언제, 누구와 왜 새우깡을 먹었는지 구체적이라서 상황 이해가 잘 돼! 평소 할머니가 무섭게 느껴졌는데, 과자를 먹으며 친해지는 과정이 진솔하고, 마음에 와닿아. 감동적이야.

글의 주제는 새우깡에 담긴 할머니의 추억이라고 할 수 있을까? 할머니와 손녀의 다정한 소통도 주제라고 할 수 있어. 주제는 여러 가지가 될 수 있으니 편하게 쓰면 돼. 너무 주제를 담아야 한다고 생각하면 글쓰기가 어려워질 수 있으니까.

특히 할머니와 나눈 대화를 직접 써서 더 잘 읽혀. 글을 읽는 사람도 그 자리에 함께 있는 것 같거든. 대화를 쓰면 말하는 사람의 성격도 보여서 더 생생해져.

또 할머니의 마음, 할머니처럼 어른이 되었을 때를 생각해 봐서 더 다양한 이야기가 나왔어. 글을 쓰면서 어르신들과 소통하는 셈이야. 글쓰기의 매력이지!

📖 나도 쓸 수 있어!

오늘 하루가 어땠는지 일기를 써 볼까? 설마, 일기라고 해서 아침 여덟 시부터 밤 아홉 시까지의 모든 일을 쓰는 건 아니겠지? 먼저 하루를 돌아보며 글감을 찾아보자. 예를 들어서 오늘 만난 사람들 중에 어른들을 떠올려 볼까? 부모님, 선생님, 편의점 사장님, 동네 할머니를 만났을 때, 무슨 생각이 들었어? 어른들은 뭘 하고 계셨어? 표정은 어땠어? 기억에 남는 말이 있었어?

이렇게 여러 가지를 생각하다 보면 글에 담고 싶은 주제가 번개처럼 확 떠오를 거야! 아니라면 아래 상황을 상상해서 써도 좋아.

일기 쓰기

_____

_____

_____

꿀팁

친구들이랑 편의점에 갔는데 사장님이 이렇게 말씀하셨다.
"너희는 어려서 참 좋겠다. 나도 어렸을 때가 좋았는데."
우리가 뭐가 좋다는 건지 하나도 모르겠다. 어른들은 시험도 안 보고, 공부도 안 해서 더 좋을 것 같은데.

글쓰기 지도 가이드

어린이들이 주제와 글감을 어려워한다고요? 한번 정리해 볼게요.

아이가 오늘 있었던 일을 일기로 쓰려고 합니다. 예를 들어서 아침에 늦게 일어나 급히 학교에 갔어요. 그런데 양말을 짝짝이로 신고 갔나 봐요. 친구들한테 놀림을 받아서 기분이 시무룩했대요. 이 일이 가장 생각나서 일기를 쓰기로 했어요. 글감은 잘 찾았어요.

그런데 일기의 마무리가 '아무리 급해도 양말 색깔을 맞춰서 신어야겠다.'가 된다면 주제가 약한 글이에요. '짝짝이 양말'이라는 글감으로 누구나 생각할 수 있는 결말일 테니까요.

주제가 약할 때는 아이들의 생각을 물어봐 주세요.

"짝짝이 양말을 신은 게 큰 잘못일까? 가끔 짝짝이로 신으면 재미있지 않을까? 양말은 꼭 짝을 맞춰서 신어야 할까? 좀 다르면 어때? 모든 사람과 다 똑같아야 해?" 이렇게 아이들과 이야기를 나누다 보면 훨씬 더 다양한 주제를 잡을 수 있어요.

다만 너무 주제를 강조하면 글쓰기의 재미를 잃어버릴 수 있으니, 먼저 자유롭게 쓰게 해 주세요. 글쓰기가 익숙해지면 그다음에 자연스럽게 주제 찾는 힘이 생깁니다.

2) 편지 쓰기

편지 쓰기의 달인이 되고 싶다고?

편지 잘 쓰는 비법을 알려 줄게. 우선 편지 쓰는 목적이 명확해야 해. 사과하는 편지라면 미안한 마음을 잘 표현해야겠지? 생일에 초대하는 편지에는 생일잔치를 하는 날짜, 시간, 장소를 밝히고 꼭 와 달라고 진심을 담아야 해!

그리고 '감사합니다, 존경합니다, 사랑합니다'처럼 누구나 쓰는 익숙한 표현도 나쁘지는 않지만 두 사람만 아는 특별한 이야기를 하는 게 좋아. 예를 들어, 같이 먹은 음식, 같이 본 웹툰, 같이 놀러 갔던 일 등 함께한 경험을 이야기하면 상대방은 자신과의 추억을 기억해 준다고 느껴서 코끝이 찡해지겠지?

사과하는 편지에는 내가 뭘 잘못했는지 확실히 적고, 앞으로 어떻게 할지 밝혀야 해. 혹시 친구가 잘못해서 다툰 거라도 탓하지 않는 게 좋아. 화해한 후에 말해도 늦지 않아.

마지막으로 맞춤법을 지키자! '감기, 나았어?'를 '감기, 낳았어?' 이렇게 쓰면 한순간에 뭉클한 감동이 날아가 버릴 거야.

편지는 목적이 명확해야 해.

이제 편지를 어떻게 쓰는지 알겠지? 배운 김에 바로 연습해 볼까? 친구한테 사과하는 편지를 써 보자.

미진이에게

  미진아! 처음으로 편지를 쓰니 좀 어색해. 휴대 전화 메시지를 보낼 때와 많이 달라.
  편지를 왜 썼는지 알고 있지? 며칠 전, 너의 별명을 불러서 미안해.
  네가 그 별명을 싫어하는 줄 알면서, 갑자기 나도 모르게 별명이 튀어나왔어. 모르는 아이들도 많은데 별명을 불러서 더 기분이 안 좋았을 거야.
  내가 왜 너한테 그렇게 했을까? 엄청 후회했어. 다음에는 절대로 안 그럴게. 미안해. 다시 친하게 지내자.
  별명이 창피해서 학원을 옮긴다고 했는데, 계속 같이 다니자.

  편지를 쓰면 메시지를 보낼 때보다 훨씬 그 상황을 깊게 생각할 수 있어. 왜 친구가 화났는지, 내 잘못은 무엇인지 살펴볼 수 있지.
  편지 첫 부분에는 인사말을 넣어서 부드럽게 시작해 보자. 친구가 마음이 편안해지도록 분위기를 만들어 봐. 다짜고짜 처음부터 안 좋은 일을 꺼내면 친구가 불편해질 수 있어. 예를 들어서, 요즘 날씨나 재미있게 본 웹툰 이야기를 하면서 친구의 마음을 달래 주면 좋아.
  편지 내용이 짧아서 아쉬워. 이번 일을 겪고 달라진 것, 새로 알게 된 것도 한번 찬찬히 생각해 봐. 그래야 친구도 네가 반성을 많이 했다고 느끼고 사과를 받아 줄 거야. 무엇보다 진심이 가장 중요해!

✏️ 고쳐 보자

미진이에게

날씨가 무척 추워. 나는 감기에 걸려서 며칠 동안 앓았어. 겨울이니까 너도 건강 잘 챙겨.

일주일 동안 만나지 못했구나. 휴대 전화 메시지 대신에 편지를 쓰니 새로워. 너를 더 많이 생각하는 기회였어.

편지를 쓰기까지 많이 고민했어. 늦었지만 사과하고 싶어.

지난주에 학원에서 별명을 크게 불러서 네가 화를 냈잖아. 우리가 친하니까 나도 모르게 별명이 나왔어. 별명을 듣고 아이들이 몰려들어 너를 놀렸을 때, 내가 크게 잘못한 것을 알았어. 진심으로 미안해.

그 이후, 네가 학원도 안 나오고 곧 관둔다고 해서 너무 당황했어.

사실 나는 아이들이 별명을 불러도 크게 상관 안 하는 성격이야.

그런데 엄마가, 사람마다 성격이 다르니까 내 중심으로 생각하면 안 된다고 하셨어. 내가 내 생각만 했어. 그리고 친하면 다 용서가 된다고 생각했나 봐.

그런데 부모님이 친한 사이일수록 더 조심하고 노력해야 한대.

앞으로 내가 더 잘할게. 학원에 가서 별명을 부르는 애들 있으면 내가 못 하게 할 테니 같이 학원에 다니자. 1층에 있는 편의점에서 삼각김밥도 사 먹자. 내가 살게. 너는 '입에 불난다' 매운맛을 좋아하잖아! 주스쿨도 같이 먹자!

👍 칭찬해

　편지에 진심이 더 많이 담겨서 미진이가 감동을 배부르게 먹었을 거야.

　그 일을 겪고 네가 어떻게 변했고, 무슨 생각을 했는지 구체적이라 읽는 사람의 마음을 충분히 움직일 수 있었어.

　특히 친구 관계도 노력해야 한다는 점, 사람마다 성격이 다르다는 걸 알았다는 내용이 좋았어. 앞으로 친구와 더 친하게 지내는 방법을 알게 된 셈이겠지.

　특히 칭찬해 주고 싶은 부분이 있어. 삼각 김밥을 사 주겠다고 말하며 끝내서 좋았어. 이렇게 두 사람만의 특별한 기억을 꺼내면 참 좋아. 함께 먹었던 음식, 같이 보았던 드라마나 영화 등을 말하면 읽는 사람이 추억에 빠지게 만들거든. 공감의 힘이지.

　삼각 김밥 이름을 정확히 '입에 불난다'라고 구체적으로 적어서 더 칭찬해 주고 싶어. '나의 입맛까지 알고 있다니! 역시 넌 나의 베프야! 너밖에 없어!' 이렇게 생각하며 미진이가 눈시울을 붉히며 신나게 뛰어올 거야. 벌써 친구의 목소리가 들려오는 것 같지 않니?

📖 나도 쓸 수 있어!

최근에 누군가 때문에 서운한 적 없었어? 서운하다고 말하기 싫어서 일부러 괜찮은 척했다고? 그런데 그거 아니? 그런 마음을 풀지 않고 쌓아 두면 큰 싸움으로 번질 수 있으니 조심해야 해.

그러니까 서운하거나 속상한 일이 있으면, 그 사람에게 편지를 써서 마음을 표현해 봐. 그리고 가끔 자신에게 편지를 써도 좋아. 평소에는 몰랐던 내 진심, 모른 척하고 싶었던 마음도 알 수 있어서 속이 후련해질 거야.

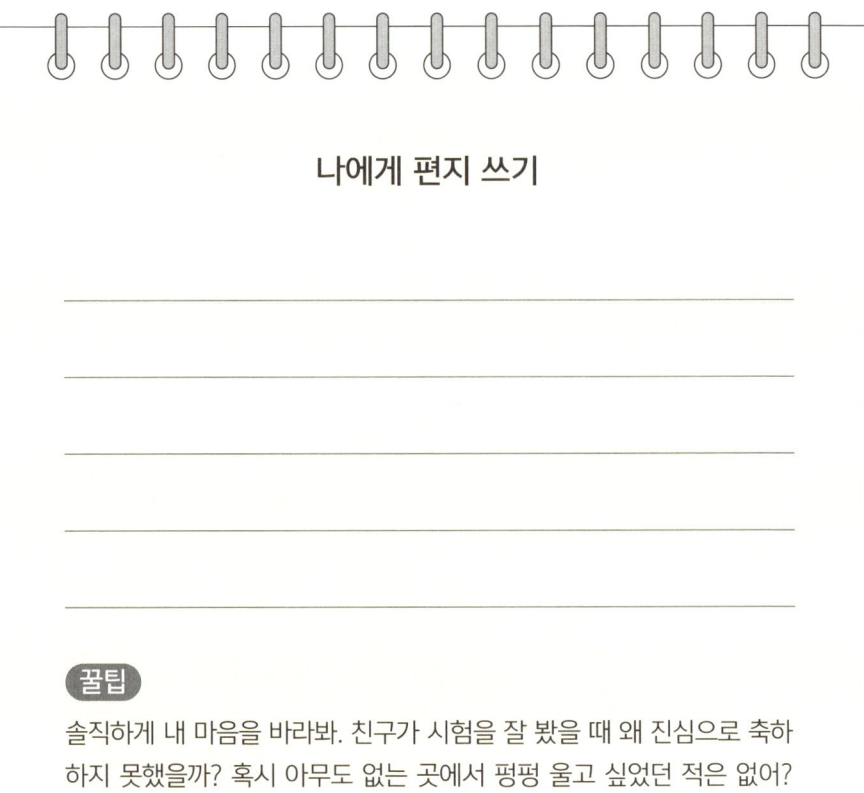

나에게 편지 쓰기

꿀팁

솔직하게 내 마음을 바라봐. 친구가 시험을 잘 봤을 때 왜 진심으로 축하하지 못했을까? 혹시 아무도 없는 곳에서 펑펑 울고 싶었던 적은 없어? 자신의 마음을 다독여 주면 어떨까?

글쓰기 지도 가이드

어린이들이 쓴 편지의 첫 부분을 잘 살펴봐 주세요. 날씨나 음식 등을 이야기하며 먼저 편한 분위기를 만들고, 그다음에 서운했던 일, 상처를 받은 일을 꺼낼 수 있도록 해야 합니다. 다짜고짜 처음부터 본론을 꺼내면 상대방은 편지 읽기가 불편할 수도 있어요. 마음의 상처가 또렷하게 떠오르니까요.

내 입장만 말하지 않고 상대방의 마음도 생각해 보게 이끌어 주세요. 편지를 쓰면서 평소에 몰랐던 내 마음을 알아차리고, 상대방 마음도 헤아리며 소통을 잘하는 사람이 될 수 있어요.

가끔은 아이들이 자기 자신에게 편지를 써 보게 하세요. 자신도 미처 몰랐던 진심을 알게 되고, 아픔을 스스로 위로하는 힘을 키울 수 있습니다. 자신의 마음을 다독일 수 있어야 자존감도 커지는 법이니까요.

3) 설득하는 글쓰기

기승전결로 나를 설득해 봐

기승전결을 설명하기 위해 사건을 하나 만들어 보자. 친구한테 빌린 책을 버스에 놓고 내렸어. 그 책은 친구가 가장 좋아하는 작가의 사인본이었지. 믿고 싶지 않은 충격적인 상황! 친구한테 어떻게 말해야 할까? 기승전결 순서대로 잘 이야기하면 친구가 이해해 줄 수 있을지도 몰라. 그렇게 믿어 보자.

'기' 단계는 시작하는 도입부야. 책을 잃어버렸다고 말하기 전에 버스에서 어떤 상황이었는지 전하면 좋아. 예를 들어, 집에 큰일이 났다는 연락을 받고 허겁지겁 버스에서 내렸다고 말해. 그러면 친구는 무슨 일인지 물으며 걱정해 주겠지?

'승' 단계에서는 정신이 없어서 중요한 물건을 잃어버렸다고 털어놓아. 단, 그 물건이 무엇인지는 아직 밝히지 말고. 대신 물건을 찾으려고 버스 종점까지 다녀왔다고 말하는 거야. 하지만 안타깝게도(슬픈 표정을 지으며) 찾지 못했다고 하면 친구는 위로해 줄 거야.

이제, '전' 단계가 가장 중요해. 친구가 그 물건이 무엇인지 물으면 너한테 빌린 책이라고 말하며 진심으로(떨리는 목소리로) 사과하는 거야. 친구는 예상과 다르게 화를 내지 않을 수도 있어. 버스에서 책을 놓고 내릴 수밖에 없었던 이유, 책을 찾으려고 고생한 사정을 알고 있으니까.

'결' 단계에서는 똑같은 책을 사 주겠다고 말해. 그러면서 그 작가의 사인을 다시 받아 오겠다고(목소리를 높여) 약속해. 네가 노력하는 모습을 보고 친구가 감동을 받아서 널 용서해 줄 수도 있어.

기승전결의 중요성을 알겠지? 그러면 이제 전교생을 설득하고 감동을 주는 회장 선거 공약문을 써 볼까?

난다가 만드는 '모두가 신나는 학교'

안녕하세요. 우리초등학교 학생 회장에 출마한 신난다입니다.
저는 책임감 있는 회장, 믿음을 주는 회장이 되겠다고 다짐합니다.
그리고 네 가지 공약을 반드시 지키겠습니다.

가장 먼저 학교 폭력 문제, 왕따 문제를 해결하겠습니다. 요즘 학교 폭력 문제로 힘들어하는 친구들이 참 많습니다. 제가 회장이 되면 반에 어린이 보안관을 만들겠습니다. 그 보안관은 학교 폭력이 발생하면 바로 선생님께 알리는 역할을 합니다.

두 번째는 사랑의 쪽지함을 만들겠습니다. 학교에 건의하고 싶은 이야기를 쪽지에 적어서 넣어 주세요. 그 내용을 교장 선생님께 전하겠습니다.

세 번째는 보드게임, e 스포츠 게임, 도전 골든벨 대회를 열겠습니다. 다양한 활동으로 자신의 실력을 뽐낼 수 있다면 학교생활을 더 재미있게 할 수 있습니다.

네 번째는 급식 문제입니다. 어린이들이 좋아하는 급식 메뉴를 영양사님께 말씀드려 학생들과 같이 결정하겠습니다.

저를 뽑아 주시면 신나는 학교생활을 신난다가 꼭 책임지겠습니다.

우리 난다가 즐거운 학교를 만들려고 많이 고민했구나. 다만 조금 더 구체적이면 좋겠어. 책임감 있는 회장, 믿음을 주는 회장이 된다고 했는데 너무 익숙한 표현이라 와닿지 않아. 책임감이 무엇인지, 어떻게 믿음을 줄 것인지, 분명하게 보여 줘야 친구들의 마음을 움직일 수 있어. 구체적으로 쓰기, 잊으면 안 돼!

앞에서 강조했던 기승전결을 생각해 보자. 왜 선거에 출마했는지 알 수 없어서 아쉽네. 출마한 이유와 공약이 연결되면 더 설득력이 생기고 감동을 줄 수 있을 거야.

출마한 이유를 '기' 단계, 시작 부분에 넣으면 자연스러워. 학교에 다니면서 겪었던 어려운 점, 고민을 말하면 친구들이 '나도 저런 생각을 했지!' 하며 고개를 끄덕일 거야.

그다음, 그런 문제를 해결하려고 회장 선거에 출마했다고 '승' 단계에서 밝혀! 아마도 천둥, 번개, 우레와 같은 박수가 쏟아질 거야.

'전' 단계에서는 공약이 무엇인지, 어떻게 지킬 것인지 구체적으로 전해.

마지막 '결' 단계에서 그 공약을 지키면 학교가 어떻게 달라지는지 설명하고, 마무리해. 학생들이 감동해서 태평양보다 넓고 깊은 눈물바다가 되겠지?

하나 더 알려 주자면, 공약문은 설득하는 글이라서 쓰기 전에 개요를 짜면 편해. 개요란 간결하게 추린 주요 내용이야. 아래처럼 메모하는 습관을 들여 보자.

개요 짜기

- **기** 최근 학교생활: 왕따 문제, 학교 폭력의 심각성, 구체적인 사례 소개하기(신문 기사 인용)
  평소 초등학생의 고민: 누구나 겪고 공감하는 이야기 소개하기

- **승** 회장 선거 출마 이유를 '기' 단계와 연결해서 밝히기

- **전** 구체적인 공약 네 가지를 제시하고 어떻게 지킬 것인지 분명하게 알리기

- **결** 공약의 효과 설명, 회장이 되어야 하는 이유 강조, 마무리하기

✏️ 고쳐 보자

난다와 함께 만드는 '모두가 신나는 학교'

최근 근처 학교에서 심각한 폭력 사건이 발생했습니다. 학교 폭력 문제는 남의 일이 아닙니다. 저도 4학년 때 학교 폭력을 당해서 힘들었습니다. 학교 폭력은 이제 선생님과 학생 모두, 학교 전체가 함께 고민해야 합니다.

그래서 이번 전교 학생 회장 선거에 출마했습니다. 제가 우리초등학교에서는 학교 폭력 피해가 발생하지 않도록 최선을 다하고자 합니다.

회장 선거에 출마하며 제가 꼭 지킬 수 있는 네 가지 공약을 정했습니다.

가장 먼저 학교 폭력 문제, 왕따 문제를 해결하는 방법입니다. 제가 4학년 때 아이들한테 괴롭힘을 당하는데, 아무도 도와주지 않아서 더 슬펐습니다. 회장이 되면 각 반에 어린이 비밀 보안관을 만들겠습니다. 그 보안관은 학교 폭력이 발생하면 선생님께 알리는 역할을 합니다.

두 번째는 사랑의 쪽지함을 만들겠습니다. 학교에 건의하고 싶은 이야기를 쪽지에 적어 주시면 교장 선생님께 전하겠습니다. 학생들과 교장 선생님이 만나는 시간도 갖겠습니다. 교장 선생님이 맛있는 간식도 주시겠죠?

세 번째는 보드게임, e 스포츠 게임, 도전 골든벨 대회를 자주 열겠습니다. 다양하게 자신의 재능을 뽐내는 기회를 드리고 싶습니다.

네 번째는 어린이들이 좋아하는 음식으로 급식 메뉴를 준비해 달라고 영양사 선생님과 협의하겠습니다. 어린이 급식 평가단도 선발해서 계속 좋은 급식을 먹을 수 있게 하겠습니다.

저는 이 네 가지 공약을 잘 지킬 자신이 있습니다. 그러니 저를 회장으로 꼭 뽑아 주세요. 신나는 학교를 만들겠습니다.

👍 칭찬해

공약문에 자신의 경험을 담았구나! 학교 폭력 피해를 당했다고 고백해서 눈물이 핑 돌았어. 학교 폭력 문제를 이야기할 때, 구체적인 사례를 들어서 친구들이 더 집중할 거야. 누구나 걱정하는 문제니까. 그 문제와 회장 선거 출마 이유를 연결해서 진심이 느껴졌어.

그리고 다양한 대회를 열겠다는 부분도 참 좋았어. 운동을 못하는데, 체육 대회만 열어서 불만인 친구들이 있다면, 이 공약을 좋아하겠지?

"교장 선생님이 간식도 주시겠죠?" 이런 문구도 재미있더라. 설득하는 글은 딱딱하게 느껴지는데, 이 글은 공감할 수 있는 부분이 많아서 좋아.

공약문을 보니, 기승전결 구성이 얼마나 중요한지 잘 알고 있어. 참 잘 썼어. 이번 선거에서 난다가 무조건 뽑히겠는데?

📖 나도 쓸 수 있어!

엄마, 아빠한테 선물을 사 달라고 말했는데 표정이 시큰둥하다고? 매일 졸라도 안 사 주실 것 같다고? 선물을 받을 수 있는 좋은 방법이 없느냐고?

엄마, 아빠를 설득하는 글을 써 보면 어떨까? 받고 싶은 간절한 마음을 담아 기승전결 구성에 맞게 구체적으로 써 보자. 부모님이 그 글을 읽고 감동해서 선물을 사 주실지도 모르잖아?

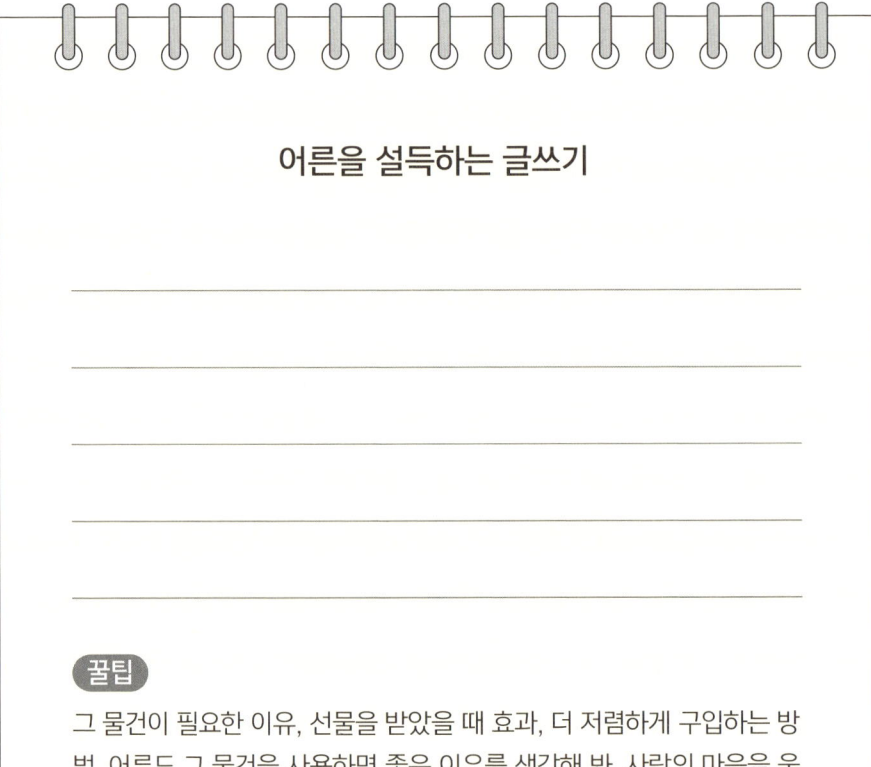

어른을 설득하는 글쓰기

> 꿀팁
>
> 그 물건이 필요한 이유, 선물을 받았을 때 효과, 더 저렴하게 구입하는 방법, 어른도 그 물건을 사용하면 좋은 이유를 생각해 봐. 사람의 마음을 움직이려면 더 꼼꼼하게 살펴봐야 해.

글쓰기 지도 가이드

　기승전결 구성은 생활문에서도 중요하지만, 정보를 전달하는 설명문과 자신의 의견을 주장하고 상대방을 논리적으로 설득하는 논설문에서 더 필요합니다. 기승전결 구성을 익히면 말할 때도 활용할 수 있습니다. 전달력이 훨씬 좋아지지요.

　아이가 기승전결 구성을 어려워한다면, 글을 쓰기 전에 개요표를 작성하게 지도해 주세요. 그리고 책을 읽을 때도 기승전결 구성이 어떻게 되어 있는지 살펴보게 하세요.

　그러면 책을 쉽고 빠르게 이해하는 능력이 자연스럽게 생깁니다. 기승전결 구성은 독서, 글쓰기, 말하기 등 다양한 분야에서 활용할 수 있는 '만병통치' 전략입니다.

4) 독후감 쓰기

줄거리는 최대한 간단하게

독후감을 쓸 때마다 이렇게 두꺼운 책을, 그렇게 긴 내용을 어떻게 요약할지 막막하다고? 걱정하지 마. 다음 세 가지만 알면 독후감을 쉽게 쓸 수 있어.

먼저 전달하고 싶은 주제를 정해야 해. 주제에 맞는 내용 중심으로 줄거리를 짧게 정리해야 독후감이 간결해져. 그리고 제발 잊지 마, 독후감은 줄거리 요약문이 아니야!

주제를 정했다면 주인공의 고민과 상황을 지금 내 삶이나 사회 문제와 연결하면 좋아. 그럼 책의 내용이 아니라 너만의 생각과 느낌을 더 많이 담을 수 있게 되지.

마지막으로 그 책을 읽고, 네 생각이나 마음이 어떻게 바뀌었는지 돌아봐. 책이 나에게 어떤 영향을 끼쳤는지 쓰는 거야. 어때, 완벽한 독후감이 되겠지? 아직도 아리송하다고?

『춘향전』을 읽고 독후감을 쓴다고 생각해 보자. 주제는 '신분 차별이 없는 아름다운 세상'이야. 뭐라고 쓸래? 성춘향과 이몽룡이 언제, 어디에서 어떻게 만나, 사랑하고, 헤어진 이야기를 다 쓰겠다고? 잠깐만, 그런 내용은 제발 빼자!

주제에 맞게, 양반이 천민, 상민 등 신분이 낮은 사람을 무시하는 이야기, 신분 차이 때문에 춘향이가 겪는 아픔을 생각해 봐. 변 사또가 춘향이를 괴롭히는 이야기도 빠질 수 없겠지? 그 장면을 생각하니 화가 난다고? 좋아, 바로 그거야! 그 마음을 독후감에 팍팍 담아내!

마지막으로, 남을 괴롭히는 못된 사람을 마주쳤을 때 어떻게 할지 덧붙이면 멋진 독후감이 될 거야.

일기를 쓰자!

우리나라 사람 모두가 이순신 장군을 좋아한다. 그분의 삶이 궁금해 이순신 장군이 쓴 『난중일기』를 읽었다. 임진왜란을 겪고, 장렬하게 전사하기 전까지의 일기다.

일기를 보니 임진왜란이 일어나기 전부터 얼마나 철저하게 준비했는지 알 수 있었다. 앞서서 내다보는 능력을 배우고 싶다. 그리고 병사들을 살뜰하게 챙기는 모습에서 감동을 받았다. 그래서 더 병사들이 이순신 장군을 따랐던 것 같다. 나도 그런 사람이 되어야겠다.

원균 장군을 비판하는 부분도 있다. 두 분이 친했다면 어땠을까? 이런 상상도 해 보았다.

건강하고 씩씩할 것 같은 이순신 장군은 몸이 자주 아팠다. 배탈이 날 때도 많았고 잠을 이루지 못했다. 밤마다 산책을 했는데, 어쩌면 그래서 일기를 썼나 보다. 땀을 너무 많이 흘려서 이불이 다 젖었다는 내용도 자주 나온다. 그런데 그렇게 잠을 이루지 못했는데도 용감하게 전쟁에 나가서 왜군을 무찌르는 모습에서 감동을 받았다.

또 고향에 계신 어머니 편지를 받으면 울 때가 많았다. 이순신 장군은 부모님을 사랑하는 효자였다.

『난중일기』를 읽고 나도 일기를 쓰고 싶어졌다. 훗날 수십 년 뒤에 읽어 보면 어떤 기분일까?

일기장 제목을 뭐라고 할까? 오늘부터 일기를 써야겠다.

어린이한테는 어려울 수 있는 『난중일기』를 읽었다니, 대단해! 이순신 장군의 마음을 더 잘 알 수 있었을 거야. 또 일기 쓰기의 중요성도 스스로 깨달았겠지?

그런데 이 책을 읽은 계기가 좀 더 선명하면 좋겠어. 정말 이순신 장군의 삶이 궁금해서 읽은 거야?

그리고 이 독후감의 주제, 그러니까 『난중일기』를 읽고 가장 말하고 싶은 게 뭐야? '일기 쓰기의 중요성'이라면 주제에 더 집중하면 어떨까?

그러면 먼저 일기의 의미를 생각해 봐야 해. 일기는 언제든 쓰지만, 힘들 때 더 자주 쓰게 돼. 이순신 장군도 힘든 전쟁 중에 몸이 아플 때, 고향에 계신 어머니가 생각날 때, 일기를 쓰면서 위로를 받지 않았을까?

또 『난중일기』를 읽고, 왜 일기가 쓰고 싶어졌는지 깊이 생각하면 좋겠어. 일기 쓰기의 중요성을 깨달았다면 그 부분이 독후감의 주제로 이어지니까.

고쳐 보자

일기를 쓰자!

수업 시간에 『난중일기』를 배웠다. 일기는 남에게 보여 주지 않는다. 그래서 비밀을 많이 쓴다. 『난중일기』에 어떤 이야기가 담겨 있는지 궁금해서 읽게 되었다.

『난중일기』는 이순신 장군이 임진왜란을 겪고, 전사하기 전까지의 기록이다.

『난중일기』에는 역사적 사실을 알지 않으면 이해하기 어려운 내용이

많다. 그래서 나는 이순신 장군의 마음에만 집중해서 읽었다.

이순신 장군이 병사들을 살뜰하게 챙기는 모습에서 감동을 받았다. 그래서 병사들이 더 이순신 장군을 따랐던 것 같다. 나도 그런 사람이 되어야겠다.

건강하고 씩씩할 것 같은 이순신 장군은 자주 아프고, 잠을 잘 이루지 못했다. 땀을 너무 많이 흘려서 이불이 다 젖었다는 내용도 많이 나온다. 불면증이 심해 잠을 이루지 못하니, 밤에 일기를 쓴 것 같다.

그렇게 잠을 이루지 못했는데도 용감하게 전쟁에 나가서 왜군을 무찌르는 모습에서 감동을 받았다. 우리 엄마도 불면증에 시달린다. 잠이 안 온다는 것이 어떤 건지 몰랐다. 『난중일기』를 보고서야 불면증의 무서움을 알았다. 앞으로 엄마를 더 잘 도와드려야겠다.

이순신 장군은 어머니 편지를 받으면 아무도 없는 곳에서 울면서 어머니를 생각했다. 문득 우리 아빠가 떠올랐다. 아빠도 울고 싶을 때가 있을까?

나도 학교에서 친구와 싸우고 집에 와서 울고 싶을 때가 있다. 울고 나면 마음이 시원해졌다. 이순신 장군도 나와 같은 마음이었을까? 이제 울고 싶을 때는 일기를 써야겠다. 이순신 장군도 힘든 상황에서 일기를 쓰며 그 시간을 이겨 낸 것은 아닐까?

문득 『안네의 일기』가 떠올랐다. 안네 프랑크도 나치를 피해 다락방에 숨어서 일기를 썼다. 왜 힘들 때 사람들이 일기를 쓰는지 알 것 같다. 김구 선생님이 쓰신 『백범 일지』도 읽어 봐야겠다.

엄마와 아빠한테도 함께 일기를 쓰자고 권유하고 싶다. 그러면 가족이 무슨 생각을 하는지, 무엇이 힘든지 더 잘 알 수 있을 테니까.

👍 칭찬해

『난중일기』를 읽고 왜 일기가 쓰고 싶어졌는지, 그 주제가 더 선명해졌어. 이제 일기를 써야겠다는 다짐으로 이어진 것도 좋아. 『안네의 일기』, 『백범 일지』까지 이야기해서 일기의 의미가 풍성해지고, 주제가 뒷받침되었어.

특히, 힘들어서 운 적이 있다는 부분에서 마음이 짠했어. 우리는 누구나 울고 싶을 때가 있잖아.

줄거리 요약도 잘했어. 수정 전에는 주제가 선명하지 않으니까 이순신 장군이 원균을 비판한 내용도 나왔잖아. 이번에는 주제에 맞게 필요 없는 부분을 빼서 훨씬 간결해졌어.

좀 더 정리한다면 이순신 장군이 병사들을 살뜰하게 챙긴 내용도 빼도 될 것 같아. 이 독후감의 주제인 '일기를 써야 하는 이유'와 상관없는 내용이니까. 다만, 다른 사람을 잘 챙기고, 나라를 걱정하는 세심함이 불면증의 원인이라면, 그래서 일기를 쓴 거라면, 주제와 연결해서 더 자세히 다뤄도 좋을 거야.

📖 나도 쓸 수 있어!

책 읽기도 싫은데 독후감까지 쓰라고 해서 비명이 나온다고? 그럼 특별히 이번 시간에는 영상 감상문을 써 볼까?

유튜브 영상, 웹툰, 드라마, 영화를 보고 소감을 쓰는 거야. 책보다 훨씬 재미있겠지? 영상 감상문을 쓰다 보면 자연스럽게 독후감을 잘 쓰는 법도 알 수 있을 거야.

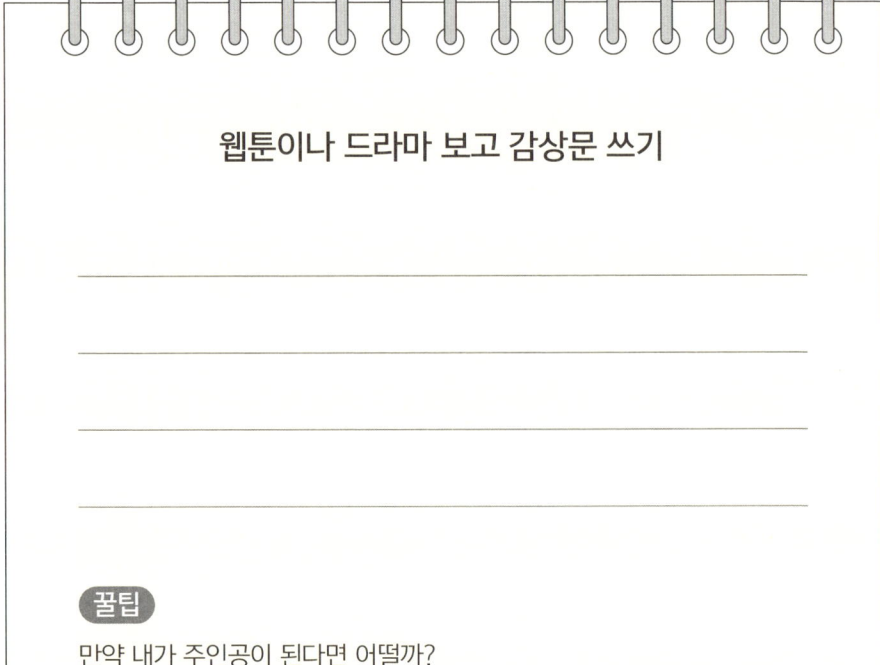

웹툰이나 드라마 보고 감상문 쓰기

_____

_____

_____

_____

꿀팁

만약 내가 주인공이 된다면 어떨까?
주인공의 친구나 가족은 어떤 마음일까?
이제 내 느낌이나 생각에 변화가 있는지 살펴봐.
갑자기 눈물이 흘렀다고? 감동했다는 증거야!
화가 났다고? 푹 빠져서 봤구나!
지루해서 하품이 나왔다고?
내가 작가라면 어떻게 재미있게 쓸지 고민해도 좋겠다.

글쓰기 지도 가이드

어린이가 독후감을 쓸 때, 독후감의 주제를 어떻게 정할지 함께 고민해 주세요. 어떤 글쓰기든 주제부터 확실히 정해야 합니다. 주제가 선명하지 않으면 필요 없는 내용이 많아지게 돼요.

그다음, 주제에 맞게 줄거리를 간략하게 정리합니다. 요약할 때도 주제를 떠올리게 하세요. 단, 줄거리는 최소한으로 정리하고, 그 내용에 맞게 어린이의 생각을 함께 이야기하는 게 좋습니다. 그 과정에서 평소에는 몰랐던 자신의 마음을 깊고 넓게 바라보게 됩니다. 우리가 책을 읽는 이유겠지요. 그래서 독후감에 책을 읽기 전후의 생각, 마음의 변화를 담아야 해요.

책을 읽고 줄거리 요약을 어려워하는 어린이들은 이야기가 있는 영상을 보고 요약하는 연습을 하면 좋습니다. 영상 콘텐츠 시대인 만큼, 영상을 분석하는 힘을 키우는 것도 중요합니다. 영상의 내용, 주제, 구성, 사건 등을 보는 눈이 생기면 책을 더 잘 읽을 수 있게 돼요. 그렇다고 너무 영상만 보지는 않게 지도해 주세요. 독서와 영상 시청이 균형을 이뤄야 좌뇌와 우뇌가 함께 발달합니다.

5) 보고서 쓰기

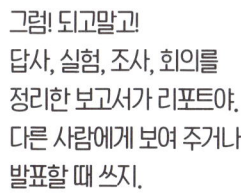

사실과 의견은 필수

글은 문학과 비문학, 이렇게 크게 두 가지로 나눌 수 있어.

소설, 시, 희곡, 일기, 수필, 독후감, 편지는 문학이라고 해. 진솔한 경험이나 상상력을 바탕으로 글쓴이의 마음을 담은 글이야. 글을 읽는 사람도 작가의 마음이나 등장인물에 공감하고 감동하며 자신의 삶을 돌아보게 돼.

비문학은 설명문, 논설문, 신문 기사, 보고서 등을 말해. 있는 그대로의 사실을 명확하게 객관적으로 기록하는 글이야. 그래서 이런 글은 상상력이 아니라 정확한 자료를 바탕으로, 작가의 마음이 아니라 객관적인 사실에 근거해서 써야 해. 예를 들어서, 기자가 신문 기사에 월드컵 중계 시간이나 대통령 선거 득표수를 잘못 적으면 온 국민이 혼란에 빠지겠지?

보고서에 대해서 좀 더 알아볼까? 보고서는 조사하거나 연구한 내

용을 정리한 글이야. 사실과 의견을 구분하고, 조사 날짜, 목적, 장소, 방법, 결과 등을 구체적으로 적어. 사진이나 도표 같은 시각적인 자료가 있으면 더 좋아. 누군가 내 보고서를 참고할 수도 있으니까 무엇이든 정확하게 써야 해. 특히 숫자가 틀리지 않게 더 신경 써야겠지? 또 도움을 받은 사람이나 자료가 있다면 밝히는 게 좋아.

더 멋진 보고서를 쓰고 싶다면, 마지막에 간단히 의견이나 소감을 덧붙여 봐. 누구나 보고 싶어 하는 완벽하고 매력적인 보고서가 될 거야. 보고서 쓰기가 너무 어렵게 느껴진다면 기행문을 보고서 형식으로 써 보면 어떨까? 제주도 여행 보고서를 써 보는 거야.

제주도 사투리 공부

가족과 제주도로 여행을 다녀왔다.

제주에 가서 수많은 것을 보고, 여러 가지 음식을 맛보았다. 우리 동네와 다른 풍경, 색다른 음식이 눈길을 끌었다. 그중에서도 사투리가 가장 기억에 남는다.

제주도에 사는 내 또래 아이들은 방송, 인터넷 등의 영향으로 대부분 표준어를 사용한다. 문장의 끝만 제주도 사투리다. 예를 들어서 "밥 먹었어?"를 "밥 먹언?" 이렇게 말한다. 그래서 쉽게 이야기를 나눌 수 있었다.

그런데 펜션 옆에 사시는 할머니와 이야기를 나누었는데, 한마디도 제대로 알아들을 수 없었다. 연세가 여든이 넘으신 어르신들은 대부분 제주도 사투리를 쓴다고 하셨다.

"혼저 옵서예." 이렇게 말해서 혼자 오라고 하는 줄 알았다. 하지만 알고 보니 환영한다는 말이었다. 또 '감자'는 '지슬', '고구마'는 '감저'라고 해서 헷갈렸다. '따스하다'는 '멘도롱', '왜'를 '무사'라고 했다. 칼을 휘두르는 '무사'가 떠올라 웃음이 터졌다.

'메기'는 '물고기'가 아니라 '더 이상 없다'라는 뜻이었다. '실프다'는 '일하기 귀찮다'라는 의미였다. 할머니가 나한테 '실프다'라고 해서 내가 싫다는 뜻인 줄 알고 서운하기도 했다. 사투리를 모르면 오해할 수도 있겠다. 그래서 여행 가기 전에 사투리 낱말을 알고 가면 좋겠다.

사투리를 공부하다 보니 할머니와 더 친해질 수 있었다. 많은 사람이 제주도 사투리를 비롯해 여러 지역의 말을 배우면 좋겠다.

제주의 사투리를 글감으로 삼다니, 제목부터 호기심이 드네! 여행과 잘 맞는 글감이야.

보고서는 사실과 의견으로 나눌 수 있어. 의견이 글의 주제가 되겠지? '사투리를 공부하면서 할머니와 친해졌고, 소통을 더 잘할 수 있었다.'가 이 글에서 전하고 싶은 주제일 거야. 할머니의 말씀을 잘못 이해했다는 실제 경험을 먼저 이야기해서 주제에 더 공감이 가.

아쉬운 점은 언제, 왜 제주도로 여행을 갔는지 글을 보고 알 수 없다는 거야. 체험 학습 숙제 때문에 갔는지, 그냥 여행이었다면 왜 제주도를 골랐는지 쓰면 더 좋겠지?

보고서는 생활문과 다르게 객관적인 글이라서 "웃음이 터졌다.", "서운하기도 했다."처럼 글쓴이의 마음을 보여 주지 않아도 돼.

또 보고서는 정확성이 가장 중요하다고 했는데, 잘못된 정보가 있어. "혼저 옵서예."는 정확히는 환영한다는 말이 아니야. '혼저'는 '빨리'라는 뜻인데, 빨리 오라는 말에 환영의 뜻이 있다고 보고 넓게 풀이한 거야. 서울에서도 환영의 인사로 '어서 오세요.'라고 하는 것과 비슷하다고나 할까?

참, 앞부분에 또래 아이들은 사투리를 쓰지 않는다고 했잖아. 인터넷을 검색하면 사투리 소멸 지수, 사투리 교육 현황 등도 나와 있어. 그런 자료를 덧붙이면 더 신뢰할 수 있는 보고서가 될 거야.

고쳐 보자

제주도 사투리 공부

2023년 5월 20일부터 25일까지 온 가족이 제주도로 여행을 다녀왔다. 체험 학습 숙제가 있었는데, 제주도는 자연환경, 풍경, 문화 등 개성 넘치는 게 많다고 해서 가게 되었다.

이번 제주 여행에서 사투리가 가장 기억에 남는다.

내 또래 아이들을 비롯해 젊은 사람들은 방송, 인터넷 등의 영향으로 대부분 표준어 낱말을 사용한다. 문장 끝만 제주도 사투리다. 예를 들어서 "밥 먹었어?"를 "밥 먹언?" 이렇게 말한다. 그래서 쉽게 이야기를 나눌 수 있었다.

펜션 옆에 사시는 할머니는 사투리만 쓰셔서 한마디도 제대로 알아들을 수 없었다. 사투리는 너무 어려웠다.

관광지마다 "혼저 옵서예." 이렇게 적혀 있어서 혼자 오라고 하는 줄 알았다. 하지만 알고 보니 '혼저'는 '빨리'라는 뜻이다. '빨리 오라'는 말에 환영의 의미가 담겨서 '어서 오세요.'처럼 쓰인단다.

할머니가 '감자'는 '지슬', '고구마'는 '감저'라고 해서 사투리인 줄 알고 헷갈렸다. 인터넷으로 조사를 해 보니, 두 낱말은 원래 한자였다. 땅에서 나온 열매라는 뜻의 '지실'에서 '지슬'이 나왔다. 그리고 '감저'는 고구마가 달콤해서 '달 감(甘)' 자를 쓴 것이다.

기억에 남는 사투리가 많다. '따스하다'는 '멘도롱', '왜'를 '무사'라고 했다. '메기'는 '물고기'가 아니라 '더 이상 없다'라는 뜻이었다. '실프다'는 '일하기 귀찮다'라는 의미였다. 할머니가 나한테 '실프다'라고 해서 처음에는 내가 싫다는 뜻으로 오해했다. 그래서 여행 가기 전에 사투리 낱말을 알고 가면 좋겠다.

신문 기사를 찾아보니, 유네스코가 제주 사투리를 소멸 위기 4단계로 지정했다고 한다. 5단계는 소멸 언어다. 사투리가 완전히 사라지기 전에 제주 사투리를 잘 보존하면 좋겠다.

사투리를 공부하고 할머니와 이야기를 나누면서 할머니와 훨씬 친해졌다. 많은 사람이 제주도 사투리를 비롯해 여러 지역의 말을 배우면 좋겠다.

👍 칭찬해

제주도에 간 이유를 확실히 알 수 있었어. "혼저 옵서예."의 원래 뜻과 사용할 때 의미를 정확히 적어서 보고서 내용에 더 믿음이 가. 그리고 '지슬', '감저'가 사투리지만 한자 표현을 바탕으로 한다고 알려 줘서, 더 많은 지식을 쌓을 수 있었어.

가장 잘한 부분은 신문 기사를 찾아서 근거를 확실하게 밝힌 부분이야. 다만, 언제 유네스코에서 제주 사투리를 소멸 위기 4단계로 지정했는지도 적어야 해.

사투리를 공부하고 보존해야 한다는 의견이 있어서 참 좋아. 같이 간 가족의 의견도 몇 문장 덧붙이면 금세 분량도 늘어나고, 더 완벽한 보고서가 될 거야.

📖 나도 쓸 수 있어!

요즘 한 반에 학생 수가 얼마나 돼? 선생님 때는 40명 정도였는데, 아주 예전에는 한 반에 60명도 넘었대. 심지어 교실이 부족해서 저학년은 오전, 오후반으로 나누기도 했었대. 어쨌든, 점점 인구가 줄어들고 있는데, 이유가 뭘까? 특히 학생 수가 무척 적어졌잖아. 사실을 바탕으로 이유를 분석하고 의견을 덧붙인 보고서를 써 볼까?

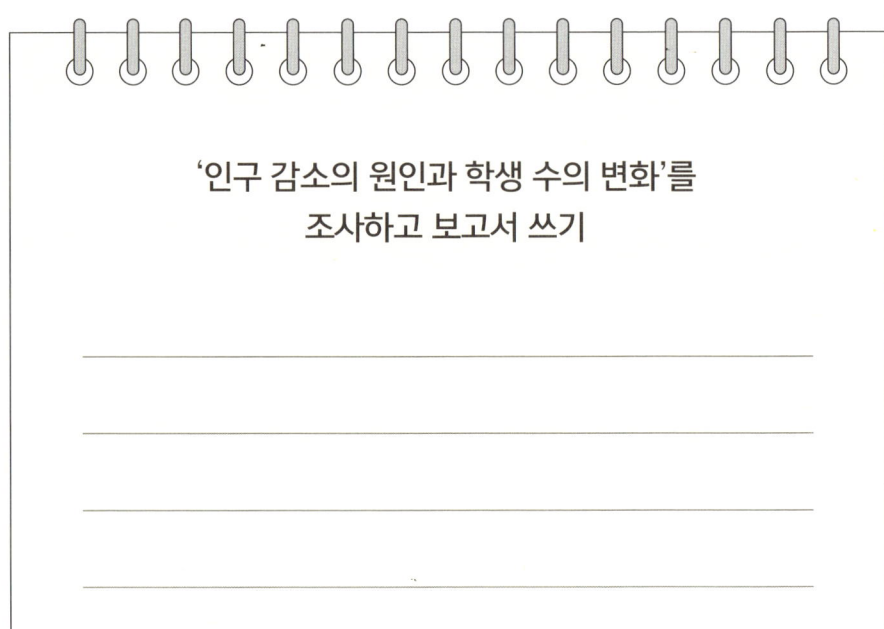

'인구 감소의 원인과 학생 수의 변화'를
조사하고 보고서 쓰기

> 꿀팁

인터넷 뉴스를 검색해서 인구 감소 기사를 살펴봐.
다른 나라 인구 감소 비율도 조사해 봐.
어린이가 줄어들면 달라지는 사회 풍경도 알아볼까?
선생님 등 주변 어른들을 인터뷰해도 좋겠다.
예전과 다른 교실 풍경을 소개할 수 있을 거야.
마지막에는 인구 감소 대책을 알아보고, 내 생각을 정리하자.

글쓰기 지도 가이드

신문 기사 쓰기도 사실과 의견을 정리하기 좋은 글쓰기 방법입니다.

먼저 아이가 좋아하는 내용이 담긴 흥미로운 신문 기사를 보여 주세요. 예를 들어 '캐릭터 빵이 많이 팔리는 이유', '편의점에서 가장 많이 팔리는 상품' 이런 주제의 기사를 보면 상식도 쌓고, 사회 흐름도 파악할 수 있습니다.

아이가 학교나 집에서 겪은 일을 신문 기사로 써 보게 하세요. 가장 중요한 건 정확성입니다. 마음대로 추측해서 쓰지 않고, 사실에 근거한 자료를 찾고 직접 취재하며 의견을 구체화해 나가야 합니다.

취재 결과를 바탕으로 아이가 전하고 싶은 의견이 무엇인지 함께 고민해 주세요. 의견은 그 글의 주제가 됩니다. 또 가족이나 친구와 서로 의견을 나누는 자리를 만들어 주세요. 자신의 의견을 전하는 연습도 할 수 있고, 타인의 이야기를 귀담아듣고 분석하는 힘도 키울 수 있습니다.

6) SNS 글쓰기

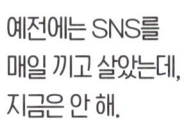

눈길부터 사로잡자

SNS 팔로워를 늘리고 싶다면? 글은 짧게 써야 해. 스마트폰으로 긴 글을 읽기 어렵잖아. 사진도 많이 올려 줘. 그래야 지루하지 않아.

SNS는 속도가 생명이야. 중요한 점을 바로 말해야 읽는 사람들이 관심을 가지겠지? 그러니까 뜸을 들이지 말고, 글의 핵심을 맨 앞에서 보여 줘. 만약 반전이 있다면 그건 맨 뒤에 알려 줘. 그래야 궁금해서 끝까지 읽겠지? 밀고 당기는 '밀당의 법칙'이 SNS에서는 중요해.

특히 제목에는 글의 핵심 낱말이 담겨야 해. 호기심을 자극하는 웃긴 문장, 요즘 많이 쓰는 신조어로 제목을 붙이면 더 관심을 끌 거야.

그리고 글에 솔직한 마음을 적으면 좋아. 그래야 사람들이 '나도 똑같은 마음이야!', '나랑 생각이 같은데!' 하면서 공감하고 '좋아요'를 눌러 주겠지? 읽는 사람이 고개를 끄덕이게 쓰는 거야.

더 많은 팔로워를 확보하고 싶다면, 취미나 관심사를 꾸준히 올려. 맛집, 책, 패션, 연예인, 음악, 웹툰, 반려동물 등 취미 공유 SNS를 만들면 팔로워도 많아져서 인플루언서가 될 거야.

씬난다의 SNS 1

심장이 집을 나갈 수 있으니 꽉 부여잡으시고! 아이돌 A와 유튜버 B가 사귄다는 충격적인 소식! 인터넷에 올라온 직찍 사진을 보니 맞는 것 같다. 나의 예리한 눈을 피할 수는 없지! (두 사람의 비밀 계정 발각! 궁금하면 DM) A 때문에 입덕했는데 이제 탈덕해야겠다. 잘 가슈! 오늘부터 아이돌 C로 환승! 고고!

연예인 이야기를 써서, SNS를 찾아오는 사람은 많겠다. 근데 진짜 A와 B가 사귀는 거 맞아?

소문이 그렇대요. 두 사람의 SNS에 올라온 사진을 보니 맞는 것 같아요. 제 눈이 현미경처럼 예리하거든요. 척 보면 딱이죠!

두 사람이 열애를 공식 인정하지 않았는데 이름을 밝히면 명예 훼손으로 법적 처벌을 받을 수도 있어. 비밀 계정도 정말 확인했어?

비밀 계정이 있다고 해야 SNS에 사람들이 몰려오죠. 다른 애들도 다 그렇게 해요. 그래야 조회 수가 올라가고 팔로워도 늘잖아요.

 그래서 일부러 그렇게 올린 거야? 모든 글에는 책임이 뒤따라. 특히 SNS는 더 엄격하지. 한번 올라간 글은 이미 많은 사람이 읽었으니까. 금방 전 세계로 퍼져 나갈 수 있어!

 아, 그렇기는 한데….

 누군가 난다의 성적, 성격, 학교생활, 친구 관계를 추측해서 함부로 SNS에 올리면 어떨까? 또 사진을 우스꽝스럽게 편집해서 올리면?

 경찰에 신고해야죠. 참을 수가 없어요.

 그러니까 SNS에 글을 함부로 쓰면 안 되겠지? 동의 없이 개인 정보, 특히 거짓되거나 과장된 정보를 올리는 건 절대 안 돼! SNS는 수많은 사람이 보고 있다는 걸 명심하자.

씬난다의 SNS 2

 생일이라서 부모님과 엄청 유명한 레스토랑에 가서 저녁을 먹었다. 1인분에 10만 원이 넘는다고 했다. 후덜덜! 비싸서 더 맛있다. 돈가스는 겉바속촉! 그리고 생일 선물로 최신 스마트폰도 득템! 역쉬 최고 스마트폰! 그 폰으로 찍은 사진 공개. 인생 뷰 맛집!

 생일 축하해!
부모님과 레스토랑에 갔어? 언제?

아… 그게. 그제요.

 그제? 그날은 글쓰기 수업 끝나고, 동네 고깃집에서 가족끼리 저녁 먹는다고 자랑했잖아! 난다가 가장 좋아하는 음식이 갈비라고 했지?

아니에요.
생일이라서 갈비 안 먹고 레스토랑에 갔어요.
쌤은 너무 꼬치꼬치 캐묻는 단점이 있어요.

 선물로 최신 스마트폰을 받았어?
근데 지금 쓰는 거, 5년도 더 된 거 아니야?
가끔 전원도 꺼져서 중고로 팔 수도 없다며?

쌤, 혹시 전에 형사였어요?
맞아요. 제 폰 고물이에요.
그리고 레스토랑에 안 가고 갈비 먹었어요.

 이제야 사실대로 말하는군.

근데 누구한테 피해를 준 것도 아닌데,
이게 그렇게 잘못한 건가요?
저는 그냥 친구들한테 자랑하고 싶었던 건데요?

 그랬구나! 난다의 그 마음은 이해해. 하지만 매번 거짓말을 올리면 어느 순간, SNS 속 난다는 다른 사람이 돼 버릴 거야.

 무슨 뜻인지 알 것 같아요. 댓글이 많이 달리니까 계속해서 더 거짓말을 하게 되더라고요. 심지어 다른 사람들이 찍은 사진을 제가 찍은 것처럼 올리기도 했어요.

 이제라도 제대로, 건강하게 SNS 하는 법을 배우면 돼. 진짜 난다의 모습으로!

✏️ 고쳐 보자

아이돌 A 직찍 사진 대방출

 아이돌 A가 오늘 컴백하는 거 아시죠? 오후 여섯 시 음원 대공개! 벌써 A의 목소리가 멀리서 들려오네요. 공식 유튜브 방송 고정하소서! 커밍 쑨! 선물 이벤트도 있다고요!

 놀라운 소식 하나 더, A가 일요일 동네방네 노래자랑에 나온대요. 우리 동네에서 열리는데 저는 벌써 표 두 장 득템! 뭐, 너무 자랑해서 짜증 난다고요? 못 오시는 분들을 위해서 제가 직찍한 영상, 사진을 제 SNS에 투척할게요! 기대하시라!

👍 칭찬해

제목에 '아이돌 A', '직찍' 이 두 낱말이 있어서 검색이 쉽게 될 거야. 사람들이 '쌘난다 SNS'를 꽤 찾겠는걸!

첫 문장에 가장 중요한 이야기를 해서 집중하게 돼. '커밍 쑨', '득템' 같은 단어를 써서 더 눈길을 끌고. 그래도 맞춤법에 맞게 정확히 써야 하는 거 알지? 세종 대왕님이 만든, 세계에서 인정하는 우리 한글을 사랑해야 하잖아. 너무 잔소리가 심하다고? 아임 쏴리!

아이돌 A의 소식과 사진, 영상을 꾸준하게 올리면 팬들이 많이 찾아올 거야. 근데 직접 찍은 영상과 사진이 아니라면 출처를 꼭 밝혀야 해. 모든 사진과 영상에는 저작권이 있으니까 함부로 올리면 안 돼. 저작권법 위반으로 고발당할 수 있으니까.

아무튼 일요일에 직접 찍은 영상과 사진을 보러 팬들이 몰려오겠는데? 조회 수 폭발해서 팔로워가 무섭게 늘 것 같아. 곧 인싸가 되겠어!

📖 나도 쓸 수 있어!

새로운 마음으로 SNS에 새 계정을 만들어 볼까? 깨방정 쌤의 글쓰기 싫어증 치료법을 홍보하는 SNS는 어때? 팔로워가 쌤이랑 난다 둘뿐이라서 안 된다고? 좀 서운하지만 이번에는 봐줄게.

대신 네가 관심 있는 분야를 정해서 잘 만들어 봐. SNS 글이 어떤지 쌤이 특별히 평가해 줄게.

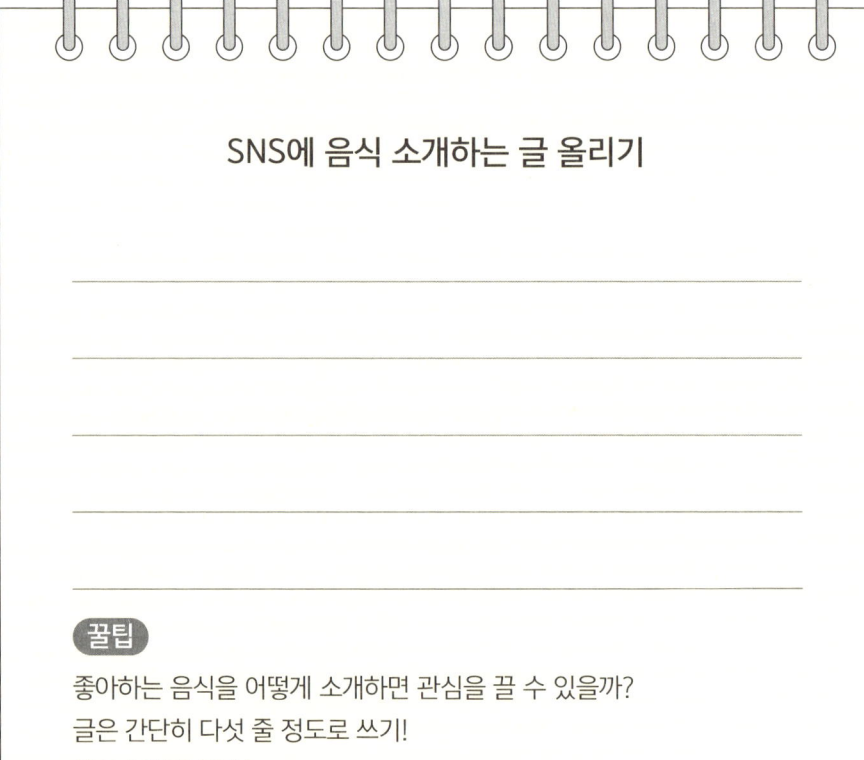

SNS에 음식 소개하는 글 올리기

꿀팁

좋아하는 음식을 어떻게 소개하면 관심을 끌 수 있을까?
글은 간단히 다섯 줄 정도로 쓰기!
음식 사진은 필수!
맛집 정보도 추가하면 좋겠지?
다른 식당과 비교해서 알려 줘도 재미있겠다.

글쓰기 지도 가이드

SNS는 우리의 일상에 깊이 들어와 있습니다. 감수성이 풍부한 어린이와 청소년은 SNS에 더 많은 영향을 받아요. 세상과 소통하며 자신의 의견을 적극적으로 전하는 장점이 있지만 여러 가지 단점도 있으니 주의가 필요합니다.

SNS를 하다 보면 모르는 사람이 무차별적으로 악플을 달아 상처를 받을 수 있습니다. 악플에 지속적으로 노출되면 자존감이 떨어지고, 소극적인 어린이가 될 수 있어요. 심리 치료를 받을 정도로 심각해지기 전에 가려서 보게 지도해 주세요.

온라인에서는 신조어, 맞춤법이 틀린 낱말, 비문 등을 많이 사용합니다. 언어는 사회의 흐름을 반영하니 신조어를 적절하게 쓰는 건 좋습니다. 다만 어떤 표현이 더 정확한지, 올바른 표기법을 알 수 있게 해 주세요.

사람을 비방하는 글, 사실에 근거하지 않은 글이 사회에 끼치는 영향을 바로 알아야 합니다. 특히 글을 올리기 전에 누군가에게 심각한 상처를 주는 건 아닌지 신중히 살펴보게 하세요. 또 인용한 사진, 신문 기사, 영상 등은 반드시 출처를 적어야 합니다.

게시물에 주소, 전화번호, 학교, 학원 등 개인 정보가 드러나지 않게 주의시켜 주세요. 개인 정보가 온라인에 공개되면 사생활 침해와 범죄 피해를 당할 수 있습니다.

SNS상에서는 아이에게 해가 되는 광고를 자주 접하게 됩니다. 그전에 광고 팝업을 차단해 두는 게 가장 좋지만, 광고의 목적을 설명해서 볼 필요가 없음을 깨닫게 해 주는 것도 좋습니다.

7) 이야기 쓰기

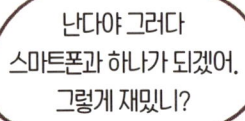

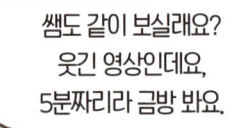

나도 오늘부터 작가야!

1) 이야기의 3요소

일기의 주인공은 바로 나 자신이잖아. 일기, 편지, 독후감 같은 생활문은 솔직히 써야 한다고 했지만, 내 이야기라서 오히려 하고 싶은 말을 글에 담기 어려워. 속마음을 다 털어놓는 게 쉽지는 않으니까!

하지만 소설, 동화는 이야기의 주인공과 작가가 같은 사람이 아니야. 알지? 이야기는 인물도 상황도 모두 만들어 낸, 허구, 가짜라는 말이야. 그래서 더 편하게 말할 수 있는 거야. 내 이야기가 아니니까!

그런데 짧은 분량의 생활문보다 소설, 동화 같은 이야기는 쓰기가 조금 복잡해. 그렇다고 너무 겁내지 않아도 돼. 차근차근 배우면 되니까.

이야기의 3요소는 인물, 사건, 배경이야. 인물은 주인공과 주변 사람들이야. 사건은 어떠한 일이 벌어져서 인물들끼리 갈등하는 걸 말해. 배경은 시간적 배경, 공간적 배경으로 나눠. 언제, 어디에서 사건이 벌어지는지 생각해 봐.

주제도 중요해. 주제가 없으면 이야기가 제대로 흘러가지 않아. 하지만 주제까지 생각하면 너무 어려울 수 있으니까, 일단 즐겁게 이야기를 상상하는 것만 해 보자.

이야기에서 또 중요한 건 행동 묘사야! 글쓰기 기초 시간에 공감에 대해서 배운 거 기억나지? 그때 말로 좋아한다고 직접 고백하는 것보다 행동을 묘사해서 보여 주면 더 설렌다고 했잖아. 글감, 오감 표현이랑 기승전결도 배웠으니까 우선 이야기를 만들어 보자.

2) 시점이 뭐야?

시점이라는 말 들어 봤어? 소설, 동화 등에서 이야기를 들려주는 사람(서술자)이 어떻게 등장인물을 바라보고 있는지를 뜻해. 이야기하는 사람과 등장인물의 관계에 따라 시점이 달라져.

조금 어렵지? 소설, 동화 등에서 많이 쓰는 두 가지 시점만 쉽게 알려 줄게.

1인칭 주인공 시점

교실로 들어갔다. 아이들이 '나'를 보더니 귓속말로 소곤거렸다. 무슨 일일까? 가슴이 급하게 뛰고 눈물이 날 것 같았다. 나는 친한 친구한테 무슨 일이 있냐고 물었다.

↳ 주인공이 자신의 이야기를 직접 말하는 거야. '나'의 이야기라서 읽는 사람이 이야기에 쉽게 빠져드는 장점이 있지. 처음 소설을 쓸 때는 1인칭 주인공 시점이 편해.

3인칭 관찰자 시점

'난다'가 교실로 들어갔다. 아이들이 난다를 보더니 귓속말로 소곤거렸다. 난다의 표정이 일그러졌다. 그러더니 곧 눈가가 붉어졌다. 난다는 친한 친구한테 무슨 일이 있냐고 물었다.

┗, 글 바깥에서 주인공을 지켜보고 이야기하는 거야. 내 이야기가 아니라서 인물의 마음을 직접 말할 수 없어. 대신 행동, 표정을 관찰하고 묘사하지. 독자는 인물이 어떤 마음일까 상상하는 재미가 있어.

3) 브레인스토밍

머릿속에 인물을 떠올려 봐. 동물이나 물건도 좋아.
이야기의 글감이자 주인공을 만드는 거야.
주인공의 옷차림, 머리 모양, 나이, 직업, 이름도 정해.
자세히 생각해. 이야기에서는 그 인물만이
가지고 있는 독특한 성격, 즉 캐릭터가 중요해.

떠올랐어요!

어떤 모습이야?

파란색 진돗개예요. 그래서 사람들이 신기하게 바라봐요. 그리고 선한 사람과 못된 사람을 알아채는 능력이 있어요. 대장이라서 진돗개가 짖으면 동네 개들이 다 몰려들어요.

 오, 멋진데! 그럼, 주인공은 정했고 주인공이 어디에 있어? 시간은?

 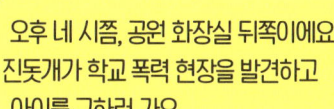 오후 네 시쯤, 공원 화장실 뒤쪽이에요. 진돗개가 학교 폭력 현장을 발견하고 아이를 구하러 가요.

 좋아! 벌써 사건도 나왔네. 그다음은 어떻게 할래?

 진돗개가 나타나 무섭게 짖어서 가해 학생들이 도망쳐요.

 흥미진진한데, 사건이 빨리 해결되는 것 같아. 그 전에 다른 인물이 나타나면 어떨까? 사건 해결을 방해하는 인물도 좋고, 도와주는 인물도 좋아.

 음… 개를 훔쳐서 팔아넘기는 못된 개장수? 아니면 진돗개의 주인도 같이 나오거나, 갑자기 경찰이 나타나는 건 어때요?

 벌써부터 궁금해지는걸? 이제 어떤 일이 벌어질까? 이야기는 다 만들어졌어! 이제 직접 써 보자.

소리 질러!

나는 열 살 된 진돗개 사우팅이야. 큰 소리로 잘 짖어서 형이 사우팅이라고 이름을 지어 줬지.

우리 형은 고등학생인데, 형의 성씨가 사씨거든. 그래서 내가 동생 같다며 같은 성씨를 붙여 준 거야. 나는 내 이름이 정말 마음에 들어. 요즘은 세계화 시대잖아. 외국 사람들도 내 이름을 들으면 어떤 성격인지 바로 알겠지?

이건 비밀인데, 나는 아무도 모르는 능력을 갖고 있어. 바로 나쁜 사람을 알아채는 거지. 그래서 도둑질하려는 사람이 보이면 소리를 질러. 그래서 우리 동네에는 도둑이 없지.

어느 날이었어. 집에 있으니까 너무 답답했어. 집에서는 소리를 못 질러. 옆집에서 시끄럽다고 하니까. 근데 옆집 아저씨가 더 시끄럽던데. 나한테 조용히 하라고 소리칠 때 말이야.

낮잠을 자고 일어났어. 형이 방에서 나왔어. 오늘도 학교에 안 갔나 봐. 나한테 산책하러 가자고 하더라. 뱃살이 나와서 운동하고 싶었나 봐.

입마개를 하고 아파트 밖으로 나갔어.

그런데 마침 어떤 초등학생 남자아이가 걸어가고 있었어. 몸집이 작았어. 아이 뒤에서 놀리며 따라가는 덩치가 큰 녀석들이 있었지. 애들 여럿이서 작은 아이 하나를 괴롭히더라고.

이럴 때 사우팅이 가만히 있으면 안 되겠지?

나는 천천히 애들 쪽으로 따라갔어. 형이 나를 공원 쪽으로 이끌었지만,

내 힘이 세서 포기했어. 나와 형은 멀찍이 그 아이들을 쫓아갔지.

　아이들이 남자아이를 붙잡아서 화장실 뒤로 가더라.
　그러고는 돈을 달라고 하는 거야. 아이가 돈이 없다고 했더니 때리기 시작했어. 아이가 울었지만 지나가는 사람이 없었어.
　이때 내가 큰 소리로 짖으며 달려갔어. 그러자 형이 쫓아왔어.
　나는 이빨을 드러내며 아이들에게 달려들었어. 아이들이 무서워서 도망쳤어. 형은 곧바로 남자아이를 달랬어. 그렇게 나쁜 녀석들을 혼냈어. 오늘 정말 좋은 일을 많이 해서 기분이 좋아!

　처음 만든 이야기인데, 생생하게 잘 썼어! '샤우팅'이라는 주인공 이름도 잘 지었고 캐릭터가 좋아. 또 글감에 관심이 가. 학교 폭력, 반려견 이야기라 어린이들이 관심을 가지고 많이 공감할 거야.
　참, 제목도 호기심이 들게 잘 지었어. 주인공 이름을 따온 영어 단어 '샤우팅'이 소리를 지른다는 뜻도 있으니까. 주인공 캐릭터도 나타내고, 위험할 때는 소리를 질러서 사람들한테 알려야 한다는 의미도 있겠지?
　몇 가지 아쉬운 점이 있어.
　대화를 넣으면 이야기가 더 생생해져. 말투는 인물의 성격을 보여 주고, 어떤 상황인지도 나타내 주거든. 특히 남자아이가 아이들한테 끌려갈 때 대화를 넣으면 독자들이 무슨 상황인지 더 잘 알 수 있을 거야.
　형의 캐릭터를 더 선명하게 하자. 형이 고등학생인데, 왜 학교에 가지 않는 거야? 이것과 결말을 연결하면 어떨까? 형이 학교 폭력을 당해서 자주 결석한다는 설정은 어때? 그래서 집에서 사우팅과 지내는 거지. 그러면 남자아이가 폭력을 당할 때 나서서 도와주는 장면에 설득력도 생길 거야. 참, 형이 중요한 인물이니까 당연히 이름이 있어야겠지?

그리고 캐릭터를 설명하지 말고 묘사해 보자. 행동을 묘사해서 형의 마음을 전할 수 있어. 예를 들어, 밖에 나가는데 형이 모자를 푹 눌러 썼어. 이렇게 설정하면, 독자는 형이 얼굴을 숨기고 싶어 한다고 추측할 수 있지.

또 주변을 묘사해서 인물의 마음을 대신 보여 줄 수도 있어. 교복을 입은 고등학생들이 친구들과 수다를 떨며 걷고 있는데, 그 옆을 형이 혼자 터벅터벅 걷고 있다고 표현하면 형의 마음이 더 안쓰럽게 느껴질 거야.

✏️ 고쳐 보자

소리 질러!

나는 열 살 된 진돗개 사우팅이야. 큰 소리로 잘 짖어서 형이 사우팅이라고 이름을 지어 줬지. 왜 샤우팅이 아니고 사우팅이냐고? 우리 형의 성씨가 사씨거든! 우리 형의 이름은 사민우.

사우팅이라는 이름이 특이하다고? 맞아! 나는 내 이름이 정말 마음에 들어. 요즘은 세계화 시대잖아. 외국 사람들도 내 이름을 들으면 어떤 성격인지 바로 알겠지?

우리 형은 고등학생이야. 그런데 요즘 학교에 안 가고 온종일 방에만 있어.

부모님하고 이야기도 안 해. 방에서 한숨만 내쉬고 있어. 형이 좀 소리도 지르고 그러면 좋겠어. 너무 답답해!

"샤우팅! 너라도 내 옆에 있어서 고마워."

형이 또 혼잣말을 시작했어.

형이 학교에서 왕따가 되면서 폭력 피해를 당했대. 그래서 몸과 마음이 모두 다친 거야. 내가 해 줄 수 있는 일은 형 곁에서 함께 있어 주는 것뿐이야.

이건 비밀인데, 나는 아무도 모르는 능력을 갖고 있어. 너한테만 말해 줄게. 바로 나쁜 사람을 알아채는 거지. 그래서 도둑질하려는 사람이 보이면 소리를 질러. 그래서 우리 동네에는 도둑이 없지. 너무 잘난 체했나?

바람이 후텁지근한 어느 날이었어. 창문을 꽁꽁 닫고 있으니 너무 답답했어. 집에서는 소리를 못 질러. 옆집 아저씨가 시끄럽다고 나보다 더 큰 소리로 샤우팅을 하거든.

"민우야, 밥 좀 먹어라."

엄마가 말했어. 형은 대답도 안 해. 방문을 굳게 잠갔거든.

엄마가 일하러 나갔어.

"우리 산책하러 가자."

형이 오랜만에 방에서 나와 말을 걸었어. 형의 목소리를 잊어버릴 뻔했다니까. 나는 꼬리를 흔들면서 얼른 가자고 했지.

입마개를 하고 아파트 밖으로 나갔어. 형은 모자를 푹 눌러썼어. 아마도 아는 사람을 만나기 싫은가 봐.

아파트 단지를 빠져나갔어. 햇볕이 뜨겁고 목덜미가 따가워. 벌써 반바지를 입은 사람도 있더라.

저 멀리서 학교를 마친 초등학생들이 걸어오고 있었어. 근데 덩치가 작고 파란 가방을 멘 아이 뒤를 덩치가 큰 녀석 셋이서 졸졸 따라가고 있었어.

그 아이들을 보는데 갑자기 가슴이 두근거렸어. 왜냐하면 세 녀석이 작은 아이를 괴롭히려고 하는 걸 알아챘으니까. 형한테 작게 소리를 냈어. 하지만 형은 내 말을 알아듣지 못했지. 답답했어.

"화장실 뒤로 끌고 가자."

반바지를 입은 녀석이 말했어.

빨간 모자를 쓴 녀석과 슬리퍼를 신은 녀석이 웃으면서 고개를 끄덕였어.

나는 그 학생들을 조심스럽게 따라갔어. 세 녀석은 친구를 괴롭힐 생각에 내가 뒤쫓는 것도 모르더라. 형은 나를 공원으로 이끌다 내 힘에 못 이겨 내가 가는 대로 따라왔어.

나는 뒤에서 숨어서 살펴봤어. 형은 밥을 먹지 않아서 기운이 없는지 가만히 있었어.

"야, 너 따라와."

반바지가 파란 가방의 멱살을 잡았어. 사람도 안 다니는 화장실 뒤쪽이라서 그늘이 져서 어두웠어.

"왜?"

반바지와 파란 가방은 같은 반이었나 봐. 서로 알고 있었어.

"돈 좀 빌려줘."

"없어."

"아까 교실에서 지갑 다 봤거든?"

"뒤져서 나오면 그땐, 두 배 빌려주는 거다?"

빨간 모자와 슬리퍼가 눈을 부릅뜨고 노려보았어. 파란 가방이 울 것처럼 표정을 지었어.

반바지가 파란 가방의 주머니에 손을 넣어서 돈을 찾았어. 세 녀석은 파란 가방을 주먹으로 때리기 시작했지. 더 이상 보고 있을 수 없어서 나는 달려 나갔어. 그러자 형이 급히 뒤쫓아왔지. 개 목줄을 놓치면 큰일 나잖아.

형도 학교 폭력 현장을 목격하고 말았지. 약한 아이를 괴롭히고 돈을 빼앗는 장면을 형이 본 거야.

"너희 지금 뭐 하는 거야?"

형이 이렇게 소리치는 모습은 처음 보았어. 목소리가 나보다 더 컸어.

"아니, 그냥……."

빨간 모자가 헛기침을 했어.

"친구랑 노는 건데요?"

"저희 같은 반 친구예요."

반바지와 슬리퍼가 얼른 친구인 척하며 거짓말을 했어.

파란 가방은 얼른 형 옆으로 왔어.

"친구 맞아? 방금 때리고 돈을 빼앗으려고 한 거잖아!"

파란 가방이 울기 시작했어. 세 녀석이 도망치려고 했는데 내가 으르렁거리니까 그 자리에 얼음처럼 서 있더라. 뒷걸음으로 도망을 갈 수도 없으니까.

형이 112에 연락했어. 그러자 5분도 안 되어서 경찰이 왔어.

"신고 잘했어, 학생. 학교 폭력은 쉽게 넘기면 절대 안 돼."

경찰 아저씨가 형의 어깨를 토닥였어.

경찰이 반바지와 빨간 모자, 슬리퍼의 부모님과 통화했어. 곧 경찰서 지구대로 오신다고 했대.

"고마워요."

파란 가방이 형한테 말했어.

아이를 괴롭히던 세 녀석은 경찰차에 탔어.

"사우팅! 오늘 정말 큰일 했어. 나도 이제 학교에 가서 나를 괴롭히는 애들한테 맞설 거야! 그래도 해결 안 되면 오늘처럼 신고할 거야. 자신이 생겼어."

형이 말했어. 목소리에 힘이 들어가서 듣기 좋더라.

우리는 산책을 좀 더 했어.

"배고프다. 엄마한테 맛있는 밥 해 달라고 하자."

형이 엄마한테 전화했어.

👍 칭찬해

대화가 들어가니 훨씬 실감이 나는데! 읽는 재미가 생겼어!

이야기를 쓸 때 중요한 사람이 아니라면 이름을 굳이 붙일 필요가 없어. 이름이 너무 많으면 기억하기 힘들거든. 그래서 학생들 이름을 따로 만들지 않고, 파란 가방, 반바지, 빨간 모자, 슬리퍼라고 부른 게 딱 적절했어.

처음에는 말이 없다가 나중에 말을 많이 하는 형을 보니 성격이 밝게 바뀌어서 좋았어. 학교 폭력 피해를 당하는 어린이가 읽는다면 형을 보고 희망이 생길 거야. 그리고 폭력적인 말과 행동으로 친구를 괴롭히던 어린이는 잘못을 반성할 수 있겠지?

온종일 방에 있는 형의 모습에 우리 사회의 문제를 잘 담아서 좋았어. 요즘 방에만 갇혀서 밖에 나가지도 않고 혼자 지내는 사람들이 늘어서 심각한 문제가 되기도 해. 주변에 이런 사람이 있다면 먼저 다가가 손을 내밀고 도움을 줘야겠지? 또 혼자라고 느끼는 누군가는 형을 보면서 주변 사람들에게 마음을 여는 용기를 얻을 수 있을 거야. 사우팅과 형이 그랬던 것처럼!

📖 나도 쓸 수 있어!

동화 작가로 데뷔한 소감이 어때? 설레고 뿌듯하다고? 그럴 줄 알았어. 이야기를 써 보기 전에는 어렵게 느껴졌지만 한번 쓰고 나니 재미있지?

당장 베스트셀러 동화를 뚝딱 써낼 수 있다고? 그런 자신감 좋아. 이제 작가가 되었으니 또 다른 이야기를 만들어 보자. 다음 시간적·공간적 배경, 주인공, 장르 중에 하나를 골라서 이야기를 써 보는 거야. 아래에서 고르지 않고 자유롭게 상상해서 써도 좋아.

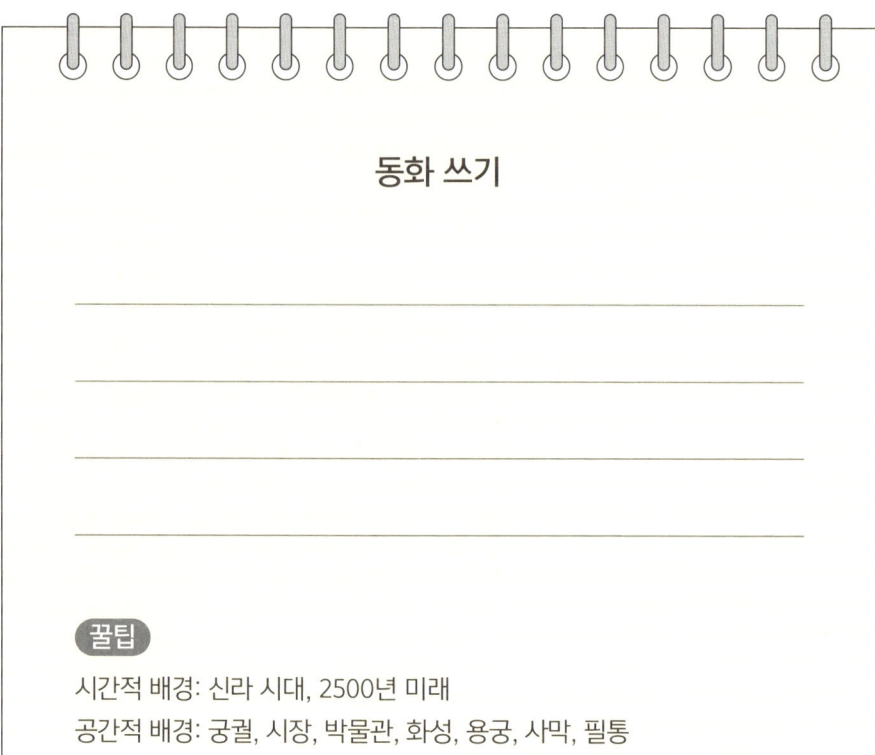

동화 쓰기

꿀팁

시간적 배경: 신라 시대, 2500년 미래
공간적 배경: 궁궐, 시장, 박물관, 화성, 용궁, 사막, 필통
주인공: 공주, 왕자, 기린, 낙타, 스마트폰, AI, 로봇, 바람, 달, 모자, 외계인
장르: 로맨스, 판타지, 추리, SF, 역사, 스릴러

글쓰기 지도 가이드

일기, 수필, 독후감과 다르게 이야기 만들기를 어려워하는 어린이가 많습니다. 작가들만 이야기를 쓸 수 있다고 생각하는 선입견을 없애는 가장 좋은 방법은 직접 이야기를 만드는 거예요.

엉뚱한 상상도 좋습니다. 제한을 두지 마세요. 기승전결, 주제, 묘사, 시점 등에 너무 얽매이면 이야기 쓰기가 어렵게 느껴집니다. 마음껏 상상하며 이야기를 만들 수 있게 이끌어 주세요. 글쓰기를 가르치는 것보다 글쓰기에 재미를 느끼게 북돋아 주는 게 중요합니다. 그저 함께 고민하며 아이디어를 던져 주세요. 기상천외한 이야기가 나올 수도 있어요. 그게 바로 창작의 매력입니다.

이야기 만들기는 상상하는 즐거움을 배우는 재미있는 활동입니다. 상상력에는 답이 없어요. 그 이야기가 훗날 사람들에게 웃음과 행복, 감동을 주는 작품이 될 수 있습니다. 어린이들이 가슴에 그런 이야기의 씨앗 하나쯤은 품으며 자라면 좋겠습니다.

작가의 말

초등학생 때였어. 글쓰기를 할 때마다 너무 지루해서 하품이 나왔어. 글쓰기가 재미없고, 어려웠던 이유가 있어.

첫 번째는 세 줄도 겨우 쓰는데, 선생님이 길게 쓰라고 했기 때문이야.

두 번째는 주제, 글감, 묘사, 설명, 육하원칙 등이 뭔지 잘 모르는데, 어른들이 매번 그런 걸 강조하면서 글을 멋지게 쓰라고 했어. 그러니까 당연히 글쓰기가 싫어지겠지?

이 글을 읽는 어린이 친구들도 같은 마음이라고?

그 후, 기상천외한 이야기를 상상하다가 글쓰기의 즐거움을 발견했고, 작가가 되었어. 기적이라고? 나도 그렇게 생각해.

몇 년 전, 어린이들과 글쓰기 수업을 했는데, 글쓰기를 어려워하는 친구들이 많더라. 어떻게 하면 신나게, 유쾌하게 글쓰기 비법을 전할 수 있을까 고민했지. 그러다가 이 책의 주인공인 깨방정 쌤과 우리의 신난다가 떠올랐어.

깨방정 쌤이 말하길, 누구나 세 줄부터 차근차근 쓰다 보면 글쓰기의 달인이 될 수 있대! 정말이냐고? 믿기 어렵다면 지금 당장, 바로 이

책의 첫 장부터 꼼꼼하게 살펴봐!

깨방정 쌤의 1호 제자인 신난다도 처음에는 글쓰기를 어려워했잖아. 하지만 깨방정 쌤의 글쓰기 비법을 배우고 실력이 확 늘어서 금세 종이 반 장을 채웠으니까. 그렇게 글쓰기에 흥미를 붙인 신난다는 마지막에 동화 한 편을 뚝딱 완성했어. 우아, 박수!

참고로, 이건 비밀인데 너희에게만 말해 줄게! 내가 글쓰기를 가르친 학생 중에서 정말 '신난다'처럼 세 줄도 쓰기 싫어하던 친구가 있었어. 그런데 그 학생이 이 책에 나온 비법대로 글쓰기를 꾸준히 해서 단편 동화를 완성했어! 그러니까 누구나 '신난다'가 될 수 있다, 이 말이야!

글쓰기 수업을 마친 우리의 신난다가 여러분에게 이런 말을 남겼어.
"글쓰기에서 가장 중요한 건 자신감을 가지고 즐겁게 쓰는 거야!"
이 멋진 말을 들었더니, 지금 당장 글을 쓰고 싶다고? 그런 자세 좋아!
아차, 깨방정 쌤도 이 말을 꼭 전해 달래.
"이 책을 읽고 글쓰기가 재미있어서 하루 종일 글만 쓰고 싶어질 수도 있으니 조심하렴!"
믿거나, 말거나!

이 책을 쓰는 데 도움을 주신 분들이 많아. 글쓰기 수업에 대해서 의견을 주신 양순숙 선생님, '글틴' 수필 멘토를 할 수 있도록 기회를 주신 한국문화예술위원회 문학지원부, 함께 고민해 준 우리학교 출판사 전희선 편집자님에게 고마움을 전하고 싶어.

어린이 친구들의 글쓰기를 응원하는
문부일 작가